천국

예수님의 간절한 외침
'천국을 소유하라'

천국

The Kingdom of GOD

배창돈 지음

교회성장연구소

천국 입성하는 그날을 기대하며

성도는 하나님의 영원한 가족이다. 하나님의 자녀들은 천국에 입성하여 다시 만날 것이다. 교회에서는 보였지만 천국에서는 보이지 않는 자도 있을 것이다. 천국에 입성하면 그때 알게 될 것이다. 천국에 소망을 두고 산 믿음의 사람이었는지 아니면 이 땅에 소망을 두고 산 사람이었는지 말이다.

예수님께서 이 땅에 오셔서 처음으로 전하신 말씀이 천국이다. 천국 복음, 기쁜 소식을 전하셨다. 예수님의 포인트는 천국이었다.

이 때부터 예수께서 비로소 전파하여 이르시되 회개하라 천국이 가까이 왔느니라 하시더라 마 4:17

예수께서 온 갈릴리에 두루 다니사 그들의 회당에서 가르치시며 천국 복음을 전파하시며 백성 중의 모든 병과 모든 약한 것을 고치시니 마 4:23

하나님의 자녀는 천국을 사모해야 한다. 이 땅에 살고 있지만 하늘나라 시민권을 가졌기 때문이다. 천국을 향한 간절한 기대감을 가진 자는 죽음이 두렵지 않다. 죽음 너머에 있는 영광의 시간을 소망하기 때문이다.

복음 전도자 무디(Dwight Lyman Moody)는 죽음 앞에서 "하나님이 나를 부르고 계신다. 고통스럽지 않다. 골짜기가 아니고 영광뿐이다"라고 말했다고 한다.

천국을 사모하며 사는 자는 이 땅에서의 사명을 잘 감당하며 충성된 자로 살아가기에 주님의 기쁨이 된다. 천국을 사모하는 마음이 클수록 천국 복음을 부지런히 전하는 자로 살아갈 것이다.

우리 모두 천국에서 하나님을 찬양할 날을 기대하자. 이 책을 통해 많은 사람이 예수님을 영접하고 천국을 사모하는 자로 살아가기를 간절한 마음으로 기도한다.

그러나 우리의 시민권은 하늘에 있는지라 거기로부터 구원하는 자 곧 주 예수 그리스도를 기다리노니 빌 3:20

Contents

프롤로그   4

Chapter 01   아름다운 나라 천국   8

Chapter 02   영원히 사는 나라 천국   24

Chapter 03   생명의 하나님   40

Chapter 04   하나님의 천국 초청   54

Chapter 05   천국과 하나님 말씀   68

Chapter 06   천국 가는 길과 가라지   84

Chapter 07   천국 복음의 영향력   98

Chapter 08   천국의 가치   110

Chapter 09   천국과 최후 심판   122

Chapter 10   천국을 약속하신 하나님   136

Chapter 11   천국과 십자가   150

Chapter 12   천국을 소망하는 믿음   164

Chapter 13   천국과 상급   176

Chapter 14   천국 가는 길   190

에필로그   204

부록   206

66 예수께서 이르시되 내가 진실로 네게 이르노니 오늘
네가 나와 함께 낙원에 있으리라 하시니라

누가복음 23:43 99

Chapter 01

아름다운 나라
천국

아름다운 나라 천국

사람들은 이 땅에서 행복해지기 위해 노력한다. 마치 이 땅 위에 천국을 만들 것처럼 분주하게 살아간다. 세상의 부귀영화를 얻으면 이후에 행복한 천국 생활을 할 수 있으리라 생각한다. 그러나 이 땅의 부귀영화는 궁극적인 행복을 주지 못한다. 통계를 보면 경제적으로 풍요로운 나라일수록 행복지수가 낮다. 예수님께서도 이런 말씀을 하셨다.

바리새인들이 하나님의 나라가 어느 때에 임하나이까 묻거늘 예수께서 대답하여 이르시되 하나님의 나라는 볼 수 있게 임하는 것이 아니요 또 여기 있다 저기 있다고도 못하리니 하나님의 나라는 너희 안에 있느니라 눅 17:20-21

이 말씀은 하나님을 인정하고 하나님의 뜻대로 살 때 이 땅에서부터 천국, 즉 하나님의 나라를 경험하며 살 수가 있다는 뜻이다. 하나님의 나라는 '예수님을 믿음'으로 시작된다. 예수님을 믿어야 하나님의 자녀가 되고 천국 영생을 얻을 뿐만 아니라, 이 세상에서도 천국의 맛을 볼 수 있다.

> 소망의 하나님이 모든 기쁨과 평강을 믿음 안에서 너희에게 충만하게 하사 성령의 능력으로 소망이 넘치게 하시기를 원하노라 롬 15:13

하나님의 지배를 받는 삶

하나님의 지배를 받을 때 이 땅에서도 천국의 맛을 볼 수 있다.

> 태초에 하나님이 천지를 창조하시니라 창 1:1

하나님께서는 천지를 창조하신 후에 "보시기에 좋았더라"라고 말씀하셨다. "보시기에 좋았더라"라는 말씀은 천지가 하나님의 의도대로 아름답게 만들어졌음을 뜻한다. 피조물이 아름다움을 유지하기 위해서는 하나님의 손에 붙잡혀 있어야 한다. 사람도 마찬가지다. 하나님께서 우리의 인생을 만져 주시기를 구해야 한다. 하나님의 말씀대로 사는 인생, 하나님께 지배받는 삶은 아름답다. 시편 119편 1–2절은 이렇게 기록되어 있다.

행위가 온전하여 여호와의 율법을 따라 행하는 자들은 복이 있음이여 여호와
의 증거들을 지키고 전심으로 여호와를 구하는 자는 복이 있도다 시 119:1-2

이 땅에서 흡족한 삶을 산 사람은 하나님과 교제하며 산 사람이다. 이 땅에
서 하나님을 경험하며 사는 사람은 죽음 이후에 하나님께서 주실 천국을 더
욱 사모하며 기대한다. 그러나 하나님의 지배를 거부하고 살면 어떻게 될까?

또한 그들이 마음에 하나님 두기를 싫어하매 하나님께서 그들을 그 상실한 마
음대로 내버려 두사 합당하지 못한 일을 하게 하셨으니 곧 모든 불의, 추악, 탐
욕, 악의가 가득한 자요 시기, 살인, 분쟁, 사기, 악독이 가득한 자요 수군수군
하는 자요 비방하는 자요 하나님께서 미워하시는 자요 능욕하는 자요 교만한
자요 자랑하는 자요 악을 도모하는 자요 부모를 거역하는 자요 우매한 자요
배약하는 자요 무정한 자요 무자비한 자라 롬 1:28-31

죽음 앞에 선 사람의 모습은 두 종류가 있다. 성도와 무신론자이다. 성도
는 죽음 앞에서 천국을 소망하며 기뻐할 수 있지만, 무신론자는 죽음 이후에
자신이 가야 할 곳, 자신을 맡길 대상이 누구인지 모르기 때문에 두려움 속에
서 죽음을 맞이한다.

무신론자였던 프랑스 작가 볼떼르(Voltaire)는 "나는 신과 인간에게 버림을 받았다. 나는 지옥에 떨어진다. 오! 그리스도시여! 예수 그리스도시여!"라고 했다.

개신교인 삼만 명을 학살하도록 방조한 프랑스 왕 샤를 9세(Charles IX)는 "내가 일삼아 온 무도한 유혈이여! 무도한 살인이여! 악마의 계획이여! 나는 버림을 받았도다. 확실하게 버림을 받았도다"라고 했다.

이와 반대로 미국의 초대 대통령 워싱턴(George Washington)은 죽음 앞에서 "좋다"라고 말했다.

천로역정의 저자 존 번연(John Bunyan)은 "나를 받아 주시옵소서! 내가 이제 주님께로 가나이다"라고 했다.

죽음이 현실이듯이 천국도 반드시 존재한다. 예수님께서는 죽음 이후에 천국이 있음을 분명히 말씀하셨다. 함께 십자가에 매달렸다가 예수님을 믿은 한 강도에게는 다음과 같이 말씀하셨다.

예수께서 이르시되 내가 진실로 네게 이르노니 오늘 네가 나와 함께 낙원에 있으리라 하시니라 눅 23:43

'낙원'이란 헬라어로 '파라데이소'인데, 이는 나무와 풀을 비롯하여 분수, 아름다운 꽃 등으로 가득 찬 화려한 정원을 가리킨다. 당시 유대인들은 의로운 자들이 죽어서 부활을 기다리는 장소를 '낙원'이라고 생각했다. 성경에서는 천국과 같은 의미로 사용되고 있다(고후 12:4, 계 2:7).

그가 낙원으로 이끌려 가서 말로 표현할 수 없는 말을 들었으니 사람이 가히
이르지 못할 말이로다 고후 12:4

귀 있는 자는 성령이 교회들에게 하시는 말씀을 들을지어다 이기는 그에게는
내가 하나님의 낙원에 있는 생명나무의 열매를 주어 먹게 하리라 계 2:7

성경은 죽음 이후를 준비하며 살아야 한다고 말한다. 바울은 이렇게 고백
했다.

위의 것을 생각하고 땅의 것을 생각하지 말라 골 3:2

그리고 성도는 하늘나라 시민임을 분명히 밝히며, "우리의 시민권은 하늘
에 있다"라고 당당하게 말했다.

그러나 우리의 시민권은 하늘에 있는지라 거기로부터 구원하는 자 곧 주 예수
그리스도를 기다리노니 빌 3:20

예수님의 메시지는 천국에 집중되어 있었다. 첫 번째 메시지도 천국이었다.

이 때부터 예수께서 비로소 전파하여 이르시되 회개하라 천국이 가까이 왔느
니라 하시더라 마 4:17

우리는 천국에 소망을 가지고 살아야 한다. 다시 말해서, 천국을 향해 적극
적인 자세를 가져야 한다.

세례 요한의 때부터 지금까지 천국은 침노를 당하나니 침노하는 자는 빼앗느
니라 마 11:12

이처럼 천국은 적극적으로 구하는 사람이 차지할 것이다. 천국이 없다고 부
인하거나 천국에 대한 기대가 없는 사람은 결코 천국에 들어갈 수 없다고 성
경은 말한다.

예수님을 통해서만 갈 수 있는 아름다운 천국

천국은 예수님께서 자신의 생명을 주심으로 준비하셨다. 하나님께서 자신
의 외아들 예수 그리스도의 생명을 내주고 준비하신 처소라는 사실만 봐도
천국이 얼마나 대단한 곳인지 짐작할 수 있다. 천국은 어떤 곳일까? 무엇으로
만들어졌을까?

그 성곽은 벽옥으로 쌓였고 그 성은 정금인데 맑은 유리 같더라 그 성의 성곽의 기초석은 각색 보석으로 꾸몄는데 첫째 기초석은 벽옥이요 둘째는 남보석이요 셋째는 옥수요 넷째는 녹보석이요 다섯째는 홍마노요 여섯째는 홍보석이요 일곱째는 황옥이요 여덟째는 녹옥이요 아홉째는 담황옥이요 열째는 비취옥이요 열한째는 청옥이요 열두째는 자수정이라 계 21:18-20

사람들이 땅에서 가장 아름답다고 여기는 것이 보석이다. 천국은 이처럼 귀하고 아름다운 보석으로 이루어져 있다.

성곽의 재료는 벽옥이다. 벽옥은 무지갯빛을 섞어 놓은 것과 같이 영롱하다. 벽옥은 고대로부터 장신구를 만드는 용도로 사용했다. 성은 정금으로 되어 있는데, 마치 맑은 유리 같다고 한다. 성 전체가 유리처럼 맑은 순금으로 이루어져 있다는 것이다. 왕관을 금과 보석으로 만든 것을 보면 알 수 있듯이 금은 영광을 상징한다. 그리고 성곽의 기초는 각색 보석으로 꾸며졌다고 한다. 성곽을 이루고 있는 기초석을 소개하겠다.

1) 벽옥 : 지혜를 뜻한다. 예수님을 믿고 구원받은 지혜로운 자를 상징한다.
2) 남보석 : 푸른빛과 자줏빛이 혼합된 짙은 감청색을 띤다. 광택이 아름답고(애 4:7), 투명하며(출 24:10) 당시에도 매우 고가에 거래되었다(욥 28:16). 고대부터 사파이어로 알려져 있다. 대제사장의 흉패 둘째 줄에도 사용되었다(출 28:18; 39:11).
3) 옥수 : '칼케톤'이라고 부른다. 기본적으로 녹색이지만, 방향에 따라 다른 색을

보이기도 한다.

4) 녹보석 : 에메랄드를 뜻하며, 투명하면서도 짙은 녹색을 띤다. 투명함 속에서 거짓과 위선을 발견한다는 뜻이 있다. 예수님을 믿는 척하는 가짜 성도는 천국에 들어갈 수 없다.

5) 홍마노 : 부드럽고 검은 갈색을 띤 보석이다. 혼인과 관련된 의미가 있다.

6) 홍보석 : 짙은 붉은 색을 띤 단단한 보석이다. 우리는 홍보석의 빛깔처럼 붉은 예수님의 보혈을 믿어야만 천국에 들어갈 수 있다.

7) 황옥 : 노란색인 황옥은 죄로부터의 자유를 상징한다.

8) 녹옥 : 청록색을 띠고 있으며, 시간이 지남에 따라 점점 더 아름다운 색을 보인다. 영원한 생명, 영원한 젊음, 영원한 행복을 상징한다.

9) 담황옥 : 노란색, 분홍색, 청색, 녹색, 무색 등 다양한 종류가 있다. 담황옥의 상징은 우정이다.

10) 비취옥 : 푸른 사과와 같은 빛을 띠고 있어 푸른 사과 빛 보석이라고 불린다.

11) 청옥 : 보통 우리가 아는 청옥이 아니라 풍신자석으로 진홍색을 띠고 있다고 한다.

12) 자수정 : 보라색을 띠는 자수정은 매우 고가로, 풍요로움을 의미한다. 비싼 시계에는 대부분 자수정이 박혀 있다고 한다.

이처럼 천국은 가장 값진 보석으로 이루어져 있다. 그러나 어떻게 천국을 값으로 매길 수 있겠는가! 천국은 하나님께서 사랑으로 만드셨기에 최고의 가치를 가진다. 천국은 예수님의 생명으로 세워진 최고의 처소이며 영원한 처소이다. 예수님은 가난한 자로 오셔서 우리를 부요하게 해 주셨다. 우리는 예수님의 은혜를 기억해야 한다.

우리 주 예수 그리스도의 은혜를 너희가 알거니와 부요하신 이로서 너희를 위하여 가난하게 되심은 그의 가난함으로 말미암아 너희를 부요하게 하려 하심이라 고후 8:9

천국의 삶

그렇다면 천국에서의 삶은 어떠할까? 천국의 형태나 구성보다 더 중요한 것은 천국에서의 생활이다. 천국에는 성전이 없다.

성 안에서 내가 성전을 보지 못하였으니 이는 주 하나님 곧 전능하신 이와 및 어린 양이 그 성전이심이라 계 21:22

천국에는 왜 성전이 없을까? 본래 성전은 죄를 속하는 역할을 했고, 사람들은 성전을 통해서 하나님께 나아갈 수가 있었다. 그러나 천국에는 죄가 없을 뿐 아니라 하나님과 대면하면서 살아가기 때문에 성전이 필요하지 않은 것이다. 천국은 죄와 어두움이 없는 밝고 아름다운 곳이다.

1) 해나 달의 비침이 없는 곳

그 성은 해나 달의 비침이 쓸 데 없으니 이는 하나님의 영광이 비치고 어린 양

이 그 등불이 되심이라 계 21:23

천국에는 해와 달이 없다. 빛 자체이신 하나님께서 영광으로 환하게 비추
시기 때문이다. 요한복음 1장 4-5절에서도 예수님을 '어두움을 비추는 빛'이
라고 말씀하고 있다. 천국은 하나님의 영광의 빛이 가득하고 예수님께서 등불
이 되어 주시기에 해와 달과 같은 빛은 필요가 없다.

그 안에 생명이 있었으니 이 생명은 사람들의 빛이라 빛이 어둠에 비치되 어둠

이 깨닫지 못하더라 요 1:4-5

2) 성문을 닫지 않는 곳

낮에 성문들을 도무지 닫지 아니하리니 거기에는 밤이 없음이라 계 21:25

천국은 밤이 없기 때문에 성문을 닫지 않는다고 한다. 죄와 연관된 악한 자

들은 주로 밤에 활동하는데, 천국에는 밤과 어둠이 없으므로 안전하다는 것이다. 천국은 이 세상처럼 도둑도 없고, 강도도 없다. 어둠 때문에 오는 두려움과 아픔도 없다. 따라서 성문을 닫을 이유가 없는 것이다. 천국은 그 어떤 어둠의 세력도 자리 잡지 못한다. 오직 빛이신 주님과 함께 하는 곳이다.

3) 영광된 삶을 사는 곳이다

천국은 구원받은 백성, 각 나라 여러 족속의 사람이 영광된 삶을 사는 곳이다.

> 만국이 그 빛 가운데로 다니고 땅의 왕들이 자기 영광을 가지고 그리로 들어
> 가리라 계 21:24

여기서 '땅의 왕'이란 성도들을 말한다. 천국은 하나님의 은혜로 구원받은 성도들이 영광된 삶을 사는 곳이다.

> 사람들이 만국의 영광과 존귀를 가지고 그리로 들어가겠고 계 21:26

천국은 이 땅에서 충성과 봉사한 것에 대한 상급이 주어지는 곳이다. 이 땅에서 하나님과 이웃을 마음 다해 섬긴 자들은 천국에 갈 때 각자의 영광을

가지고 간다. 그리고 그곳에서 하나님과 함께 영광을 누린다.

4) 속되고 거짓말하는 자가 없는 곳

천국은 예수님을 통해 깨끗함을 입은 사람들이 간다. 따라서 술수와 사기, 거짓이 없다.

무엇이든지 속된 것이나 가증한 일 또는 거짓말하는 자는 결코 그리로 들어가
지 못하되 오직 어린 양의 생명책에 기록된 자들만 들어가리라 계 21:27

하나님의 나라는 거룩한 곳이기에 가증한 자가 없다. '가증한 일'이란 사탄
에게 종노릇 하는 우상 숭배를 뜻한다. 천국은 죄에 속한 것이 없고, 죄로 인
한 속박이 없으며 진정한 자유만이 있다.

생명책에 기록된 자만이 가는 천국

무엇이든지 속된 것이나 가증한 일 또는 거짓말하는 자는 결코 그리로 들어가
지 못하되 오직 어린 양의 생명책에 기록된 자들만 들어가리라 계 21:27

천국은 생명책에 기록된 자만이 들어갈 수 있다. 예수님을 믿고 죄를 용서받고 의롭다고 인정받은 사람만 가는 곳이다. 그러므로 우리가 구원받아 천국에 가는 것은 오직 하나님의 은혜이다. 천국은 우리를 지극히 사랑하신 하나님의 은혜로 가는 것이다.

이 땅의 교회가 죄인들의 공동체로 죄인들을 하나님께로 돌아오게 하는 역할을 한다면 천국은 완성된 의인들의 공동체이다. 주님을 모시고 사는 우리가 가게 될 아름다운 처소인 천국을 사모하며 살아가자.

The Kingdom of GOD

Chapter 02

영원히 사는 나라
천국

영원히 사는 나라 천국

세상이 하나님을 거부하는 사람들로 가득 차면 어떻게 될까? 세상에 불공평과 악인이 득세하게 될 것이다.

악인은 의인인 척 하며 사람들을 유혹한다. 성경은 사탄에 대해 이렇게 말씀한다.

이것은 이상한 일이 아니니라 사탄도 자기를 광명의 천사로 가장하나니 고후 11:14

사탄은 빛의 천사로 가장한다. 천사의 탈을 쓰고 나타나서 사람들을 미혹한다. 사탄은 거짓말쟁이다. 악을 선으로 위장하며 사람들을 속인다.

너희는 너희 아비 마귀에게서 났으니 너희 아비의 욕심대로 너희도 행하고자 하느니라 그는 처음부터 살인한 자요 진리가 그 속에 없으므로 진리에 서지 못하고 거짓을 말할 때마다 제 것으로 말하나니 이는 그가 거짓말쟁이요 거짓의 아비가 되었음이라 요 8:44

사탄에게는 진리가 없다. 사탄이 지배하는 세상은 불법과 불의, 거짓말이 가득하다. 세상의 사람들은 사탄에게 미혹되어 산다. 하지만 하나님이 지배하시는 세상은 옳고 공평하며 사랑이 가득한 곳이다.

하나님의 공의

하나님은 공의로우시다. "공의롭다"는 히브리어로 '미쉬파크', '체다카'이며, '옳음'과 '공평함', '의로움'이라는 뜻을 가지고 있다.

여호와께서 영원히 앉으심이여 심판을 위하여 보좌를 준비하셨도다 공의로 세계를 심판하심이여 정직으로 만민에게 판결을 내리시리로다 시 9:7-8

여호와께서 공의로운 일을 행하시며 억압당하는 모든 자를 위하여 심판하시는도다 시 103:6

조선시대 역사를 보면 여인들은 남편에 따라 그 처지가 바뀌었다. 1453년에 수양대군이 조카 단종을 몰아내고 왕위를 빼앗기 위해 난을 일으키는데, 이를 계유정난이라고 한다. 이때 사육신을 포함한 집현전 학사들이 중심이 되어 단종 복위 운동을 하다가 대부분 역적으로 죽임을 당한다. 세조는 역적이 된 사람들의 어머니 아내 누이 딸 등을 모두 공신들의 노비로 준다. 여자들은 전리품이 되어 노비들에게 분배되었다. 사대부 집안의 부인이든 노비든 여성의 인격은 인정되지 않았다.

이 땅에는 이와 같은 슬픈 역사, 억울한 일이 참 많았다. 그런데 기독교가 들어오고 개화되면서 이런 악습이 폐지되기 시작했다. 하나님이 없다고 생각하는 사람이 세상 권력을 잡으면 이 세상은 불공평해진다. 세상의 것만 바라보기에 서로 헐뜯고 싸우고 죽인다. 죽음 이후가 있고 심판이 있다는 사실을 모르기 때문이다.

죽음 이후에 죄에 대한 대가가 있음을 모르고 사는 사람들이 많다. 모든 사람은 반드시 죽는다. 죽음 후에는 심판이 기다리고 있다.

한번 죽는 것은 사람에게 정해진 것이요 그 후에는 심판이 있으리니 히 9:27

그러나 하나님께서 예수님을 통해 거저 주시는 선물이 있다. 바로 영원한 생명이다. 반면에 영원한 벌도 있다.

그들은 영벌에, 의인들은 영생에 들어가리라 하시니라 마 25:46

사람은 이 땅에서 영원히 살 수 없다. 인생은 영원한 종착지를 향해 달려가는 여정이다. 누구나 때가 되면 이 땅을 떠나 종착지로 가야 한다. 하나님이 준비하신 처소가 기다리고 있다. 예수님은 영원한 처소인 천국과 지옥에 대해 자주 말씀하셨다.

만일 네 손이 너를 범죄하게 하거든 찍어버리라 장애인으로 영생에 들어가는 것이 두 손을 가지고 지옥 곧 꺼지지 않는 불에 들어가는 것보다 나으니라 막 9:43

만일 네 발이 너를 범죄하게 하거든 찍어버리라 다리 저는 자로 영생에 들어가는 것이 두 발을 가지고 지옥에 던져지는 것보다 나으니라 막 9:45

만일 네 눈이 너를 범죄하게 하거든 빼버리라 한 눈으로 하나님의 나라에 들어가는 것이 두 눈을 가지고 지옥에 던져지는 것보다 나으니라 막 9:47

예수님께서 이 땅에 오신 목적

예수님은 우리를 천국으로 인도하기 위해 이 땅에 오셨다. 예수님이 전하신 첫 번째 메시지의 핵심은 바로 천국이었다.

이 때부터 예수께서 비로소 전파하여 이르시되 회개하라 천국이 가까이 왔느니라 하시더라 마 4:17

천국은 예수님을 믿고 거듭나 하나님의 자녀 된 자들이 가는 곳이다.

영접하는 자 곧 그 이름을 믿는 자들에게는 하나님의 자녀가 되는 권세를 주셨으니 요 1:12

예수님은 천국에 대해 자세히 말씀해 주셨다.

너희는 마음에 근심하지 말라 하나님을 믿으니 또 나를 믿으라 내 아버지 집에 거할 곳이 많도다 그렇지 않으면 너희에게 일렀으리라 내가 너희를 위하여 거처를 예비하러 가노니 가서 너희를 위하여 거처를 예비하면 내가 다시 와서 너희를 내게로 영접하여 나 있는 곳에 너희도 있게 하리라 요 14:1-3

승천하신 예수님은 우리를 위해 영원한 거처인 천국을 준비하고 계신다. 예수님은 재림 때 영원한 처소에서 우리를 영접해 주실 것이다. 믿음의 사람은 영원한 처소인 본향을 사모하며 살아야 한다.

그들이 이제는 더 나은 본향을 사모하니 곧 하늘에 있는 것이라 이러므로 하나님이 그들의 하나님이라 일컬음 받으심을 부끄러워하지 아니하시고 그들을 위하여 한 성을 예비하셨느니라 히 11:16

바울은 하늘에 있는 처소인 영원한 집에 대한 확신을 가지고 살았다.

만일 땅에 있는 우리의 장막 집이 무너지면 하나님께서 지으신 집 곧 손으로 지은 것이 아니요 하늘에 있는 영원한 집이 우리에게 있는 줄 아느니라 참으로 우리가 여기 있어 탄식하며 하늘로부터 오는 우리 처소로 덧입기를 간절히 사모하노라 고후 5:1-2

천국의 삶은 바울의 소망이었다. 그는 이 땅에 살면서도 영원히 살 하늘나라 시민임을 잊지 않았으며, 하늘나라 시민이라는 자부심을 가지고 살았다. 그는 로마 시민권을 가지고 있었지만 그에게 있어 최고의 가치는 천국 시민권이었다. 하나님의 자녀는 바울처럼 하늘나라 시민으로서의 자부심을 가지고 살아야 한다.

그러나 우리의 시민권은 하늘에 있는지라 거기로부터 구원하는 자 곧 주 예수 그리스도를 기다리노니 빌 3:20

천국은 어떤 곳일까?

1) 아버지의 나라

성경은 천국을 '아버지의 나라'라고 말씀하고 있다.

그 때에 의인들은 자기 아버지 나라에서 해와 같이 빛나리라 귀 있는 자는 들으라 마 13:43

불의한 자가 하나님의 나라를 유업으로 받지 못할 줄을 알지 못하느냐 미혹을 받지 말라 음행하는 자나 우상 숭배하는 자나 간음하는 자나 탐색하는 자나 남색하는 자나 고전 6:9

우리에게는 하나님이 통치하시고 지배하시는 하나님의 나라가 있다. 우리를 지극히 사랑하시는 하나님, 공의로우신 하나님. 그곳은 억울함과 아픔이 없으며, 의인이 해와 같이 빛나는 나라이다.

2) 거룩한 성 새 예루살렘

성경은 천국을 '거룩한 성 새 예루살렘'이라고 부르기도 한다.

성령으로 나를 데리고 크고 높은 산으로 올라가 하나님께로부터 하늘에서 내
려오는 거룩한 성 예루살렘을 보이니 계 21:10

'새 예루살렘'이란 구원받은 성도들의 공동체를 의미하는 동시에 성도들이
거할 새로운 나라인 하나님의 나라, 천국을 말한다. 구원받은 성도들이 거할
천국은 하나님께서 준비하시고 만드셨다. 하나님이 만드신 천국은 완벽하고
아름답다.

이 땅에서 우리는 하나님께서 만드신 자연을 보며 감탄한다. 하늘만 올려
다봐도 얼마나 아름다운지 감탄할 때가 많다. 하나님께서 지으신 산과 바다,
자연의 아름다움을 보며 이보다 더 아름다울 천국을 상상해 볼 수 있다.

성경은 천국의 아름다움이 마치 신부의 아름다움과 같다고 말한다. 이 땅
에서 가장 아름답게 꾸민 사람은 신랑을 맞이하는 신부이니, 이는 최고의 아
름다움을 뜻한다.

또 내가 보매 거룩한 성 새 예루살렘이 하나님께로부터 하늘에서 내려오니 그
준비한 것이 신부가 남편을 위하여 단장한 것 같더라 계 21:2

천국은 이 땅의 나라와 본질이 다르다. 세속적인 이 땅의 나라와는 전혀 다
르다. 이 세상 나라는 더러움과 불의가 가득하지만 하나님의 나라는 거룩한
나라이다. 더러운 때가 묻지 않은 나라이다.

중세의 유명한 교부였던 어거스틴(Aurelius Augustinus)은 『하나님의 도성』이라는 22권의 방대한 책을 썼다. 그가 당시 살고 있었던 로마는 욕망과 죄가 가득한 곳, 심판받아 마땅한 곳이었다. 그는 이 책에서 그리스도인은 이 세상의 도성에 살지만, 영원한 하나님의 도성에 사는 사람들이라는 것을 말하고 있다. 사탄이 지배하는 이 땅의 나라는 오류와 왜곡으로 가득 차 있어서 결국 소멸될 것이며, 진리가 지배하는 하나님의 나라는 영원하다고 말한다. 또한 하나님의 나라는 하나님의 은혜와 사랑이 지배하며, 겸손과 헌신으로 세워지는 나라라고 말하고 있다.

세상의 나라는 사람들의 욕심으로 가득 차 있지만 하나님의 나라는 거룩한 하나님의 영광으로 가득 차 있다. 그래서 천국은 하나님만 경배를 받으시고 높임을 받으신다. 이 땅에서 하나님을 높여 드리고 하나님께 영광을 돌려 드리는 삶을 사는 자는 이 땅에서 미리 천국의 맛을 볼 수 있다.

3) 보석처럼 맑고 빛나는 나라

하나님의 영광이 있어 그 성의 빛이 지극히 귀한 보석 같고 벽옥과 수정 같이 맑더라 계 21:11

하나님의 나라는 그 빛이 귀한 보석 같고 맑다. 보석은 깨끗하고 순수하며 매우 높은 가치를 가진다. 천국은 보석같이 빛나고 맑고 아름다운 곳이며, 진품만이 존재한다. 반면, 세상 나라는 모조품을 자랑하면서도 모조품인 줄도 모른다. 온갖 질병과 더러운 냄새로 가득 차 있기도 하다. 이 사실을 알았던 요한은 바울처럼 천국과 주님의 재림을 간절히 사모했다.

이것들을 증언하신 이가 이르시되 내가 진실로 속히 오리라 하시거늘 아멘 주 예수여 오시옵소서 계 22:20

모든 민족을 천국으로 초청하시는 하나님

크고 높은 성곽이 있고 열두 문이 있는데 문에 열두 천사가 있고 그 문들 위에 이름을 썼으니 이스라엘 자손 열두 지파의 이름들이라 동쪽에 세 문, 북쪽에 세 문, 남쪽에 세 문, 서쪽에 세 문이니 계 21:12-13

천국에는 크고 높은 성곽이 있다. 이는 천국이 아무나 들어갈 수 있는 곳이 아니며, 하나님께 영원히 보호받음을 나타낸다. 또한, 동서남북에 3개씩 전부 12개의 문이 있는데, 문이 사방에 3개씩 총 12개가 있다는 것은 믿는 자가 사방에서 들어갈 수 있다는 것으로, 예수님을 믿는 자는 누구든지 천국에 들어갈 수 있음을 뜻한다.

감사하게도 하나님은 모든 민족을 초청하신다. 남녀노소, 빈부귀천의 차별이 없다. 인종 차별도 없다. 모든 민족을 천국으로 초청하기 원하시는 하나님의 마음을 알 수 있다.

수고하고 무거운 짐 진 자들아 다 내게로 오라 내가 너희를 쉬게 하리라 마 11:28

하나님은 독생자 예수님을 십자가에서 제물 되게 하시기까지 우리를 사랑하셨다.

하나님이 세상을 이처럼 사랑하사 독생자를 주셨으니 이는 그를 믿는 자마다 멸망하지 않고 영생을 얻게 하려 하심이라 요 3:16

우리가 받아야 할 죗값을 예수님이 대신 받게 하시고, 누구든 예수님을 믿기만 하면 구원해 주겠다는 하나님의 사랑이 나타난 곳이 천국이다. 하나님 나라에 들어가기 위해서는 예수님을 믿기만 하면 된다. 누구든지 예수님을 믿으면 된다.

한 부자가 세계 여행을 하다가 영국 버킹엄 궁전에 갔다. 부자는 문지기에게 천 불을 주면서 이렇게 말했다. "이 정도 지불하면 궁전 안으로 들어갈 수 있나요?" 그러자 문지기는 "왕궁은 돈으로 들어가는 것이 아닙니다. 초청받은 사람은 1달러도 내지 않고 자유롭게 들어갈 수 있습니다"라고 말했다.

이처럼 예수님의 십자가 보혈로 죄 사함을 받고, 천국에 갈 자격을 얻은 자는 누구나 아무런 대가 없이 천국에 들어갈 수 있다.

누구든지 주의 이름을 부르는 자는 구원을 받으리라 **롬 10:13**

동서남북에 문을 만드시고 많은 자를 구원하기 원하시는 하나님의 사랑의 마음을 우리는 기억해야 한다.

천국은 구원받은 자가 살기에 충분한 나라

천국은 예수 믿는 모든 사람이 들어갈 수 있는 완전한 곳이다.

그 성은 네모가 반듯하여 길이와 너비가 같은지라 그 갈대 자로 그 성을 측량하니 만 이천 스다디온이요 길이와 너비와 높이가 같더라 그 성곽을 측량하매 백사십사 규빗이니 사람의 측량 곧 천사의 측량이라 **계 21:16-17**

요한계시록 21장은 천국의 형태가 네모반듯하다고 말한다. 이는 균형과 안정, 완전함을 의미하는 것이다. 이 정도의 크기라면 믿는 자가 다 들어가고도 남는다. 이처럼 믿는 자는 누구나 들어갈 수 있는 처소가 천국, 곧 하나님의 나라이다.

> 너희는 마음에 근심하지 말라 하나님을 믿으니 또 나를 믿으라 내 아버지 집
> 에 거할 곳이 많도다 그렇지 않으면 너희에게 일렀으리라 내가 너희를 위하여
> 거처를 예비하러 가노니 요 14:1-2

당신은 예수님을 믿는가? 그렇다면 당신은 영생을 가졌다.
우리가 천국을 사모하며 살아갈 때 하나님은 우리를 자랑스럽게 여기신다.
하늘나라 시민권을 가진 자로서의 자부심을 가지고 주님께서 준비하신 천국
에 소망을 가지고 기대하며 살아가자.

> 진실로 진실로 너희에게 이르노니 믿는 자는 영생을 가졌나니 요 6:47

The Kingdom of GOD

> 내가 진실로 진실로 너희에게 이르노니 내 말을 듣고
> 또 나 보내신 이를 믿는 자는 영생을 얻었고 심판에
> 이르지 아니하나니 사망에서 생명으로 옮겼느니라
>
> **요한복음 5:24**

Chapter 03

생명의 하나님

생명의 하나님

　이스라엘 백성은 하나님의 명령대로 애굽에서 나와 바알스본 맞은편 바닷가에 장막을 쳤다. 그런데 갑자기 이스라엘 백성을 보내주었던 애굽 왕의 마음이 변하였고, 전차 육백 대와 애굽의 모든 전차들을 이끌고 이스라엘 백성을 추격하기 시작했다. 애굽 군대가 바알스본 근처까지 가까이 이르자 이스라엘 백성은 심히 두려워하며 하나님과 모세를 원망했다.

　"애굽에 매장지가 없어서 우리를 이 광야로 데리고 나와서 죽이려 하는가?"

　"우리가 애굽 사람들을 섬기며 사는 것이 더 낫다고 하지 않더냐?"

　"우리를 광야에서 죽이려고 하느냐?"

　그때 모세가 백성에게 대답하였다.

　"두려워하지 마라. 가만히 서서 하나님께서 오늘 너희를 위해 행하시는 구원을 보라."

"너희가 오늘 본 애굽 사람을 영원히 보지 못할 것이다."

"하나님께서 너희를 위해 싸우실 것이니 너희는 잠잠하라."

이스라엘 백성이 기세등등한 애굽 군대를 보며 모세를 향해 원망한 것은 인간적인 대우를 받지 못하더라도 죽는 것보다 사는 것이 낫다는 아우성이다. 사람은 누구나 죽음을 두려워하며 죽음 앞에서 무기력하다. 그런데 죽음이 눈앞에 다가오기까지는 죽음을 생각하지 못하고 준비하지 않는다.

사람이 만일 온 천하를 얻고도 제 목숨을 잃으면 무엇이 유익하리요 사람이 무엇을 주고 제 목숨과 바꾸겠느냐 마 16:26

사람에게 가장 중요한 것이 생명이다. 온 천하를 다 얻어도 생명을 잃으면 아무 소용이 없다. 온 천하란 세상 사람들이 귀하게 여기는 모든 것을 통틀어 하는 말이다. 생명은 세상의 부귀영화와 비교할 수 없을 만큼 귀하다.

사람은 누구나 오래 살기를 원한다. 이스라엘 백성이 모세를 향해 원망한 이유는 당장 죽게 되었기 때문이었다. 그들의 원망은 죽음 앞에서의 절규였다. 이스라엘 백성이 진치고 있는 '바알스본'은 홍해 옆의 지명이다. 앞에서는 애굽 군대가 몰려오고, 뒤에서는 바다의 푸른 물결이 넘실대고 있었다. 이스라엘 백성이 사는 길은 바다로 뛰어드는 것밖에 없었다.

생명의 주인이신 하나님

여호와께서 모세에게 이르시되 너는 어찌하여 내게 부르짖느냐 이스라엘 자
손에게 명령하여 앞으로 나아가게 하고 지팡이를 들고 손을 바다 위로 내밀어
그것이 갈라지게 하라 이스라엘 자손이 바다 가운데서 마른 땅으로 행하리라
출 14:15-16

하나님은 이스라엘 백성이 바다 가운데 마른 땅으로 건너갈 것을 말씀하셨
다. 홍해를 갈라서 모두 살려주겠다고 말씀하셨다. 살기등등한 애굽 군대 앞
에서 죽음밖에 보이지 않는 이스라엘 백성을 살려주겠다고 약속하신 것이다.
이를 통해 하나님께서는 생명의 주인이심을 보여 주셨다. 죽음 앞에서 절규
하는 이스라엘 백성은 살고, 죽음을 꿈에도 생각하지 않았던 애굽 군대는 다
죽을 것이라고 말씀하신 것이다.

모세가 백성에게 이르되 너희는 두려워하지 말고 가만히 서서 여호와께서 오
늘 너희를 위하여 행하시는 구원을 보라 너희가 오늘 본 애굽 사람을 영원히
다시 보지 아니하리라 출 14:13

사람은 자신의 의지대로 생명을 좌지우지할 수 있다고 착각한다. 그러나 성
경은 생명의 주인이 하나님이라고 말한다. 애굽 군대 앞에서 아무런 무장도

하지 못했던 이스라엘 백성은 그들의 밥이었다. 모든 사람이 그렇게 인정할 수밖에 없었다. 그런데 그 순간 하나님께서 이스라엘 백성의 생명을 지키기 위해 직접 싸우셨다.

여호와께서 너희를 위하여 싸우시리니 너희는 가만히 있을지니라 출 14:14

하나님은 하나님의 방법으로 싸우신다. 사람이 생각하지 못한 방법을 사용하신다.

이스라엘 진 앞에 가던 하나님의 사자가 그들의 뒤로 옮겨 가매 구름 기둥도 앞에서 그 뒤로 옮겨 애굽 진과 이스라엘 진 사이에 이르러 서니 저쪽에는 구름과 흑암이 있고 이쪽에는 밤이 밝으므로 밤새도록 저쪽이 이쪽에 가까이 못하였더라 출 14:19-20

하나님은 사람이 도무지 상상할 수 없는 일을 하셨다. 이스라엘 백성 앞에 가던 사자가 뒤로 와서 애굽 진과 이스라엘 진 사이를 구름 기둥으로 가로막았다. 구름 기둥이 가로막자 애굽 진은 흑암으로 뒤덮여 이스라엘 백성의 진 쪽으로 가까이 갈 수 없었다. 하나님은 이스라엘 백성이 단 한 사람도 상하지 않도록 구름 기둥으로 지켜주셨다.

진실로 생명의 원천이 주께 있사오니 주의 빛 안에서 우리가 빛을 보리이다

시 36:9

하나님은 나를 돕는 이시며 주께서는 내 생명을 붙들어 주시는 이시니이다

시 54:4

하나님은 이스라엘 백성을 살리기 위해 홍해를 갈라주셨다.

모세가 바다 위로 손을 내밀매 여호와께서 큰 동풍이 밤새도록 바닷물을 물러
가게 하시니 물이 갈라져 바다가 마른 땅이 된지라 이스라엘 자손이 바다 가운
데를 육지로 걸어가고 물은 그들의 좌우에 벽이 되니 출 14:21-22

하나님은 바다를 갈라 육지로 만드셨다. 밤새 큰 동풍을 불어 바닷물이 물
러가도록 하고, 바다 좌우는 벽이 되게 해 주셨다. 이스라엘 백성은 바다 가
운데로 걸어서 바다를 건넜다. 이 모습이 얼마나 장관이었을까?

생명의 주관자를 모르는 사람들

애굽 군대와 말들 그리고 전차들은 이스라엘 백성의 뒤를 쫓았다.

애굽 사람들과 바로의 말들, 병거들과 그 마병들이 다 그들의 뒤를 추격하여
바다 가운데로 들어오는지라 새벽에 여호와께서 불과 구름 기둥 가운데서 애
굽 군대를 보시고 애굽 군대를 어지럽게 하시며 출 14:23-24

그들은 먹이를 발견한 사자처럼 힘차게 달렸다. 그리고 이스라엘 백성이 건
너는 바다 속으로 들어섰다. 하나님이 행하신 기적의 장소인 홍해로 들어선
것이다. 그러나 하나님이 행하시는 기적의 수혜자는 이스라엘 백성뿐이었다.
그곳은 애굽 군대의 무덤이 되었다.

새벽에 여호와께서 불과 구름 기둥 가운데서 애굽 군대를 보시고 애굽 군대를
어지럽게 하시며 그들의 병거 바퀴를 벗겨서 달리기가 어렵게 하시니 애굽 사
람들이 이르되 이스라엘 앞에서 우리가 도망하자 여호와가 그들을 위하여 싸
워 애굽 사람들을 치는도다 출 14:24-25

하나님께서는 불과 구름 기둥으로 애굽 군대를 어지럽게 하시고, 전차 바
퀴를 벗겨서 달릴 수 없도록 하셨다. 홍해가 무덤이 될 것을 깨닫는 데는 오랜
시간이 걸리지 않았다. 그들은 그곳에서 이스라엘 백성과 싸우는 것이 아니
라 하나님과 싸우고 있음을 깨달았다. 어떤 소망도 없는 상황이 보이자 도망
치기 시작했다. 그러나 하나님을 대적하는 자가 도망칠 곳은 없다. 그들은 꿈
에서도 상상하지 못한 결과 앞에서 죽음을 맞았다.

모세가 곧 손을 바다 위로 내밀매 새벽이 되어 바다의 힘이 회복된지라 애굽
사람들이 물을 거슬러 도망하나 여호와께서 애굽 사람들을 바다 가운데 엎으
시니 물이 다시 흘러 병거들과 기병들을 덮되 그들의 뒤를 따라 바다에 들어간
바로의 군대를 다 덮으니 하나도 남지 아니하였더라 출 14:27-28

애굽 사람들은 살기 위해 도망했지만 깊은 물에서 나올 수 없었다. 바다가
모든 전차와 전차를 모는 군인들을 덮어 단 한 명도 살아남지 못했다. 하나님
을 대적한 결과였다.

하나님을 대적하는 자는 죄를 조장하고 장려한다. 죄를 지어도 괜찮다며
죄에 있어 무감각하게 만든다. 하나님의 뜻을 이루기 위해 노력하는 자를 핍
박한다. 교회를 무너뜨리고 성도에게 적개심을 가지도록 한다. 무신론적인 사
상이 가득하며, 물질을 신으로 여기고 인간의 쾌락을 좇아 산다. 그렇게 허무
하게 살다가 이 세상을 떠난다. 죽음으로 모든 것이 끝난다고 생각하고 살다
가 이 땅에서 죽어가는 것이다.

어리석은 자는 그의 마음에 이르기를 하나님이 없다 하는도다 그들은 부패하
고 그 행실이 가증하니 선을 행하는 자가 없도다 시 14:1

시편 기자는 이런 자를 어리석은 자라고 말하며, 놀랍게도 하나님을 모르

는 자 중에는 선을 행하는 자가 없다고 말씀한다. 하나님이 없다고 생각하는 자는 세상이 말하는 선, 자신이 생각하는 선을 행하며 살지만, 하나님의 인정을 받지 못한다.

예수님은 이런 자의 모델을 보여 주셨다. 한 부자가 하나님 없는 삶을 살다가 죽었다. 그가 간 곳은 고통의 장소였다. 영원한 고통과 수치를 받는 곳이었다.

그가 음부에서 고통 중에 눈을 들어 멀리 아브라함과 그의 품에 있는 나사로를 보고 불러 이르되 아버지 아브라함이여 나를 긍휼히 여기사 나사로를 보내어 그 손가락 끝에 물을 찍어 내 혀를 서늘하게 하소서 내가 이 불꽃 가운데서 괴로워하나이다 눅 16:23-24

여기서 음부는 지옥을 뜻한다. 손가락 끝에 물을 찍어 혀에 댄다고 무슨 도움이 되겠는가? 지옥은 그만큼 고통스러운 곳이다. 인생에게 가장 중요한 것은 이 땅에서 생명의 가치를 알고 죽음 이후를 준비하는 것이다.

한번 죽는 것은 사람에게 정해진 것이요 그 후에는 심판이 있으리니 히 9:27

부자는 죽음 이후를 전혀 준비하지 못했고, 결국 지옥 불 가운데서 고통당하며 절규하게 되었다. 그는 세상의 부귀영화에 만족하여 죽음 이후를 진지하게 한 번도 생각해 보지 않았다. 그는 하나님만이 인생의 유일한 소망이라는 것을 지옥에 가서 비로소 깨달았을 것이다.

내 영혼아 네가 어찌하여 낙심하며 어찌하여 내 속에서 불안해 하는가 너는
하나님께 소망을 두라 그가 나타나 도우심으로 말미암아 내 하나님을 여전히
찬송하리로다 시 43:5

나의 영혼아 잠잠히 하나님만 바라라 무릇 나의 소망이 그로부터 나오는도다
시 62:5

하나님은 생명의 가치를 통해, 생명을 주관하는 유일한 신임을 나타내셨다.
무지하여 하나님을 조롱하고 완악하게 행했던 애굽 왕에게 하나님은 하나님
이심을 나타내기 위해서 처음 난 모든 생명을 죽이셨다.

그 때에 바로가 완악하여 우리를 보내지 아니하매 여호와께서 애굽 나라 가운
데 처음 난 모든 것은 사람의 장자로부터 가축의 처음 난 것까지 다 죽이셨으
므로 태에서 처음 난 모든 수컷들은 내가 여호와께 제사를 드려서 내 아들 중
에 모든 처음 난 자를 다 대속하리니 출 13:15

생명이 얼마나 귀한지 아는 자가 하나님을 만난다. 애굽 왕은 모든 처음 난
생명을 다 거두어가시는 하나님을 보면서도 하나님을 인정하지 않았다. 그리

고 그 결과는 너무나 비참했다. 홍해로 들어온 애굽 군대는 한 명도 살지 못했다.

> 내가 바로의 마음을 완악하게 한즉 바로가 그들의 뒤를 따르리니 내가 그와
> 그의 온 군대로 말미암아 영광을 얻어 애굽 사람들이 나를 여호와인 줄 알게
> 하리라 하시매 무리가 그대로 행하니라 출 14:4

모든 사람은 생명의 주관자이신 하나님 앞에서 겸손해야 한다. 겸손한 자는 화를 면한다. 하나님께서는 이스라엘 백성을 구출하기 위해 애굽에 열 가지 재앙을 내리셨다. 그중에 일곱 번째는 우박의 재앙이다. 우렛소리와 함께 하늘로부터 우박에 불덩이가 섞여서 맹렬하게 내려왔다. 사람과 짐승, 밭에 있는 모든 채소와 들의 모든 나무를 꺾었다.

> 바로의 신하 중에 여호와의 말씀을 두려워하는 자들은 그 종들과 가축을 집으
> 로 피하여 들였으나 여호와의 말씀을 마음에 두지 아니하는 사람은 그의 종들
> 과 가축을 들에 그대로 두었더라 출 9:20-21

그때도 하나님을 두려워한 자는 피해를 당하지 않았다. 이스라엘 백성은 위대하신 하나님의 구원을 보았다. 그러나 하나님을 대적한 애굽 바로 왕의 군대는 모두 처참한 죽임을 당했다.

그 날에 여호와께서 이같이 이스라엘을 애굽 사람의 손에서 구원하시매 이스라엘이 바닷가에서 애굽 사람들이 죽어 있는 것을 보았더라 출 14:30

창조주 하나님 앞에서 겸손하게 나아가는 것이 바로 경외의 자세다.

이스라엘이 여호와께서 애굽 사람들에게 행하신 그 큰 능력을 보았으므로 백성이 여호와를 경외하며 여호와와 그의 종 모세를 믿었더라 출 14:31

이스라엘 백성은 하나님께서 생명을 살리기도, 죽이기도 하시는 분임을 알게 되었다. 생명의 주관자이신 하나님은 생명을 주는 것으로 끝내는 분이 아니다. 하나님은 이 땅의 생명과 함께 영원한 생명을 주길 원하신다. 그러나 사람들은 오히려 생명의 주님을 핍박하며 죽였다.

생명의 주를 죽였도다 그러나 하나님이 죽은 자 가운데서 그를 살리셨으니 우리가 이 일에 증인이라 행 3:15

그러나 생명의 주인이신 하나님은 예수님의 죽음을 통해 영원한 생명을 주셨다.

그가 우리에게 약속하신 것은 이것이니 곧 영원한 생명이니라 요일 2:25

예수님은 영원한 생명인 영생을 주시기 위해 이 땅에 오셨다. 예수님은 자신을 통해 영원한 생명을 얻을 수 있고, 영원히 살게 될 것이라고 말씀하셨다.

이것은 하늘에서 내려온 떡이니 조상들이 먹고도 죽은 그것과 같지 아니하여 이 떡을 먹는 자는 영원히 살리라 요 6:58

예수님을 통해서 영생을 얻은 자는 영원한 천국에 대한 기대감과 소망을 가지고 살아야 한다. 오늘도 주님은 우리에게 말씀하신다.

예수께서 이르시되 내가 곧 길이요 진리요 생명이니 나로 말미암지 않고는 아버지께로 올 자가 없느니라 요 14:6

예수님을 인격적으로 영접했다면 이미 영생을 얻은 것이다.

내가 진실로 진실로 너희에게 이르노니 내 말을 듣고 또 나 보내신 이를 믿는 자는 영생을 얻었고 심판에 이르지 아니하나니 사망에서 생명으로 옮겼느니라 요 5:24

영생을 얻은 자는 확신과 담대함을 가지고 천국을 소망하며 살아야 한다.

> 가서 너희를 위하여 거처를 예비하면 내가 다시 와서 너희를 내게로 영접하여 나 있는 곳에 너희도 있게 하리라
>
> 요한복음 14:3

Chapter 04

하나님의
천국 초청

Chapter 04

하나님의 천국 초청

'천국'과 '지옥' 중에서 하나를 선택해야 한다면 누구나 천국을 선택할 것이다. 그러면서도 사람들은 천국에 관심이 없고, 천국에 가는 방법을 알려고도 하지 않는다. 모순이 아닐 수 없다. 세례 요한은 천국에 대해 이렇게 선포했다.

세례 요한의 때부터 지금까지 천국은 침노를 당하나니 침노하는 자는 빼앗느니라 마 11:12

이 구절을 통해 당시 천국을 소유하지 못하도록 방해하는 자들이 있었음을 알 수 있다. 해롯과 열심당원들은 천국을 사람들이 소유하지 못하도록 심하게 방해했다. 이는 오늘날에도 마찬가지다. 수단과 방법을 가리지 않고 천국 가는 것을 방해하는 자들이 있다.

설교자는 말씀을 전할 때 주제를 잡는다. 예수님도 말씀을 전하실 때 주제를 가지고 계셨다. 예수님이 주제로 삼았던 것은 바로 천국이었다. 이 땅의 사람들에게 천국이 있음을 알리시고 천국을 소유하도록 하기 위해서 온 힘을 쏟으셨다.

예수께서 모든 도시와 마을에 두루 다니사 그들의 회당에서 가르치시며 천국 복음을 전파하시며 모든 병과 모든 약한 것을 고치시니라 마 9:35

예수님은 가시는 곳마다 사람들에게 천국의 기쁜 소식을 전하셨다. 모든 사람에게 최고의 기쁨인 천국을 알리기를 원하셨다.

이 천국 복음이 모든 민족에게 증언되기 위하여 온 세상에 전파되리니 그제야 끝이 오리라 마 24:14

예수님은 온 세상에 복음이 전파되는 시점에 세상의 종말이 올 것이라고 말씀하셨다. 최대한 많은 영혼을 구원하겠다는 하나님의 뜻을 알 수 있다.

천국은 어떤 곳인가?

천국은 빛과 영광으로 가득 차 있다. 그곳에는 핍박의 열기도, 냉랭함도, 싸늘하게 식은 애정도 없다. 거기에는 굶주림이나 목마름도 없다. 질병과 죽음에 대한 두려움도 없다. 많은 자유와 특권을 누린다. 죄와 사탄의 시험으로부터 자유가 있고, 모든 의심과 두려움, 불신, 슬픔, 고통으로부터 자유가 있다. 영원한 부요함이 있다.

모든 눈물을 그 눈에서 닦아 주시니 다시는 사망이 없고 애통하는 것이나 곡하는 것이나 아픈 것이 다시 있지 아니하리니 처음 것들이 다 지나갔음이러라

계 21:4

영국의 청교도 지도자인 리처드 벡스터(Richard Baxter)는 천국에 대해 이렇게 말했다. "우리는 그때 슬픔이 없는 기쁨, 지치지 않는 안식을 누릴 것이다. 기운을 내라. 그리스도인이여 때가 가까웠다. 그때는 하나님과 당신이 가까워질 때, 당신이 만족할 만큼 가까워지는 때이다. 당신은 하나님의 가족으로 거하게 될 것이다."

천국 잔치에 초청하시는 하나님

천국은 임금이 아들을 위한 혼인 잔치에 사람들을 초청한 것과 같다.

천국은 마치 자기 아들을 위하여 혼인 잔치를 베푼 어떤 임금과 같으니 마 22:2

잔치에는 기쁨이 넘친다. 하나님께서는 우리를 천국으로 초청하시고 잔치의 기쁨을 함께 누리기 원하신다. 잔치에 초청받은 사람 역시 기대한다. 사도 바울도 천국을 사모하며 기대했다. 그는 복음 전파의 사명만 아니면 죽는 것도 유익하다고 할 만큼 천국을 사모했다.

이는 내게 사는 것이 그리스도니 죽는 것도 유익함이라 그러나 만일 육신으로 사는 이것이 내 일의 열매일진대 무엇을 택해야 할는지 나는 알지 못하노라

빌 1:21-22

천국에서는 우리를 너무나 사랑하셔서 생명까지 주신 주님의 얼굴을 뵙게 된다. 주님께서 영접해 주신다.

가서 너희를 위하여 거처를 예비하면 내가 다시 와서 너희를 내게로 영접하여 나 있는 곳에 너희도 있게 하리라 요 14:3

대가를 지불한 잔치

왕이신 하나님은 천국 잔치에 사람들을 초청하시기 위해 엄청난 대가를 지불하셨다. 만왕의 왕이신 하나님께서 치르신 대가는 예수 그리스도의 생명이다. 천국에 초청받기 위해 우리가 스스로 준비할 것은 없다. 어떤 조건도, 자격도 없다. 단 한 가지, 죄 문제만 해결하면 된다. 이 문제를 하나님께서 친히 해결해 주셨다. 하나님은 외아들이신 예수님께서 인간의 죄를 담당시키시고 죗값을 받도록 하셨다. 그 죗값이 바로 십자가의 죽음이다. 예수님께서 제물로서 죽으신 것이다. 예수님 자신이 직접 죄를 위한 화목 제물이 되신 것이다.

그는 우리 죄를 위한 화목 제물이니 우리만 위할 뿐 아니요 온 세상의 죄를 위하심이라 요일 2:2

하나님은 온 세상의 죄를 예수님을 통해 해결해 주셨다. 예수님께서 우리의 죄를 해결해 주시기 위해 십자가에 죽으신 것은 하나님의 일방적인 사랑이다.

사랑은 여기 있으니 우리가 하나님을 사랑한 것이 아니요 하나님이 우리를 사랑하사 우리 죄를 속하기 위하여 화목 제물로 그 아들을 보내셨음이라 요일 4:10

하나님은 예수님의 생명으로 대가를 지불하시고 죄인들을 천국 잔치로 초청하셨다. 그러나 사람들은 하나님의 적극적인 초청에 무관심하다. 초청하신 하나님의 마음이 어떠할지 생각해 본 적이 있는가?

초청하시는 하나님의 열심

초청을 거부한 사람들을 향한 왕의 반응을 통해 우리는 하나님의 열심을 엿볼 수 있다. 왕은 거절당했음에도 재차 종을 보내, 사람들에게 참석해 달라고 다시 한번 간곡히 부탁한다.

다시 다른 종들을 보내며 이르되 청한 사람들에게 이르기를 내가 오찬을 준비하되 나의 소와 살진 짐승을 잡고 모든 것을 갖추었으니 혼인 잔치에 오소서 하라 하였더니 마 22:4

소와 살진 송아지도 잡았고, 모든 것이 다 준비되었으니, 어서 결혼 잔치에 오라고 다시 초청하는 것이다. 임금이 초청한 것이니 얼마나 대단한 잔치일까? 양과 질에 있어서 조금의 부족함도 없는 잔치, 참석하는 사람은 누구나 기쁨과 만족을 누릴 수 있는 잔치일 것이다.

하나님께서 베푸신 천국 잔치는 완벽하고 풍성한 잔치, 이 세상의 어떤 잔치와도 비교할 수 없는 잔치이다. 하나님께서 이러한 잔치에 얼마나 간절한 마음으로 우리를 초청하시는지 알아야 한다.

천국은 사람에게 가장 중요하다

사람들은 임금의 거듭된 초청에도 돌아보지 않고 각기 자기 일터로 갔다.

> 그들이 돌아보지도 않고 한 사람은 자기 밭으로, 한 사람은 자기 사업하러 가
> 고 마 22:5

많은 사람이 하나님의 천국 초청을 귀찮게 여긴다. 왕이 정성껏 준비한 잔
치를 가볍게 여기는 것이다. 사람들은 눈앞에 보이는 자신의 일만 중요하게
생각한다. 사람은 이렇게 멀리 보지 못한다. 양처럼 멀리 보지 못하는 지독한
근시이다. 그래서 하나님께서 육체적인 죽음 이후에 준비하신 천국에 대해 심
각하게 귀담아듣지 않는다. 예수님께서 이 세상에 오셔서 가장 먼저 전하신
말씀은 바로 천국에 관한 것이었다.

> 이 때부터 예수께서 비로소 전파하여 이르시되 회개하라 천국이 가까이 왔느
> 니라 하시더라 마 4:17

사람이 볼 때 현실성이 없어 보이고 크게 와닿지 않는 천국에 대해 말씀하신 것이다. 많은 사람이 오늘이 전부인 것처럼, 이 땅에서 영원히 살 것처럼 착각하며 살아간다. 그러나 천국에 들어갈 준비를 마친 사람이 가장 지혜로운 사람이다. 〈신곡〉을 쓴 단테(Alighieri Dante)는 "사람이 천국에 들어갈 수 없는 이유는 교만하기 때문이다"라고 말했다.

심령이 가난한 자는 복이 있나니 천국이 그들의 것임이요 마 5:3

내일 일도 모르는 미련한 인간이 창조주 하나님께서 그토록 주기를 원하시는 천국을 가볍게 여기는 것은 교만이라고 말하지 않을 수 없다.

천국에 대한 적대감

또 어떤 사람들은 초청하러 온 종들을 잡아서 모욕하고 죽이기까지 했다.

그 남은 자들은 종들을 잡아 모욕하고 죽이니 임금이 노하여 군대를 보내어
그 살인한 자들을 진멸하고 그 동네를 불사르고 마 22:6-7

초청에 응하지 못하는 것에 미안해하기는커녕 종들을 모욕하고 잡아 죽였

다. 이들은 천국의 기쁜 소식을 전했던 세례 요한도, 복음을 전한 사도들과 주님의 제자들까지 능욕하고 죽이기를 서슴지 않았다.

오늘날에도 천국 복음을 전한다는 이유 때문에 수많은 그리스도인이 죽임을 당하고 있다. 하나님을 향한 적대감은 가장 어리석은 짓이다. 만왕의 왕이신 하나님은 사랑의 하나님이시지만 천국을 거부한 결과가 얼마나 비참한가를 진노로 표현하셨다.

하나님은 완악한 자들의 행위에 합당한 대가를 지불하신다. 예수님을 통한 구원의 길을 거부하고, 예수님과 제자들 그리고 사도들을 죽인 이스라엘은 로마의 디도 장군에 의해 심판을 당하고 말았다. 천국을 거부한 자들에 대한 하나님의 진노를 역사가 분명히 보여 주는 것이다.

포기하지 않는 초청

초청받은 자들의 거부로 인해 잔치가 지체되었지만, 왕은 계속해서 사람들을 초청했다. 네거리 길, 골목길, 대로, 갈림길 등에서 만나는 사람마다 다 초청하기 시작했다.

이에 종들에게 이르되 혼인 잔치는 준비되었으나 청한 사람들은 합당하지 아니하니 네거리 길에 가서 사람을 만나는 대로 혼인 잔치에 청하여 오라 한 대

종들이 길에 나가 악한 자나 선한 자나 만나는 대로 모두 데려오니 혼인 잔치

에 손님들이 가득한지라 **마 22:8-10**

천국을 선물로 주기 원하시는 하나님은 결코 포기하지 않으신다. 종들이 길에 나가 열심을 다한 결과 천국 잔치에 많은 사람이 참석했다. 종들의 이름은 기록되어 있지 않지만, 그들의 섬김으로 많은 사람이 함께 기쁨을 누리게 되었다. 이처럼 나 한 사람의 섬김으로 많은 사람이 잔치에 참석할 수 있다는 기대감을 가져야 한다.

그리고 잔치에는 높은 자, 인기인만 참석하지 않았다. 선한 자도 있고 악한 자도 있었다. 이처럼 천국 잔치에는 누구나 참석할 수 있다.

예수님은 "내가 의인을 부르러 온 것이 아니요 죄인을 불러 회개시키러 왔노라"(눅 5:32)라고 말씀하셨다. 내가 죄인이라는 것을 인정하면 천국에 갈 수 있다. 그러나 자신을 의인이라고 생각하면 천국에 갈 수 없다.

기록된 바 의인은 없나니 하나도 없으며 **롬 3:10**

천국 잔치와 예복

그런데 잔치에 예복을 입지 않은 자들이 있었다. 그들은 바깥 어두운 데로

쫓겨났다.

임금이 손님들을 보러 들어올 새 거기서 예복을 입지 않은 한 사람을 보고 이르되 친구여 어찌하여 예복을 입지 않고 여기 들어왔느냐 하니 그가 아무 말도 못하거늘 임금이 사환들에게 말하되 그 손발을 묶어 바깥 어두운 데에 내던지라 거기서 슬피 울며 이를 갈게 되리라 하니라 마 22:11-13

근동 지방의 왕실에서 잔치를 베풀 때는 미리 초대장을 보냈다. 그리고 초대에 응한 사람을 위해 여러 가지를 준비했다. 당시 잔치에서 가장 중요한 것은 바로 예복을 보내어 입고 오도록 하는 것이었다. 초대받은 자들은 자신의 초라한 옷 위에 예복을 걸쳐 입고 자리를 빛냈다. 예복을 입지 않은 것은 상당한 무례로 간주되어 잔치에서 쫓겨났다고 한다. 기록된 역사에는 왕의 잔치에서 이런 일이 생기면 처형당하기도 했다고 한다.
이처럼 우리도 예수님을 믿음으로 의의 옷을 입고 천국 잔치에 참여할 수 있다. 예수님을 통해 죄의 문제가 해결되었기에, 하나님의 은혜로 의롭다고 판단을 받은 것이다. 이것은 하나님께서 거저 주시는 선물이다.

그리스도 예수 안에 있는 속량으로 말미암아 하나님의 은혜로 값없이 의롭다 하심을 얻은 자 되었느니라 롬 3:24

종들에게서 배울 자세

그 남은 자들은 종들을 잡아 모욕하고 죽이니 마 22:6

종들은 왕의 마음을 알고 생명을 걸고 사람들을 초청했다. 그들은 죽도록 충성하여 잔치장이 가득할 만큼 사람을 초청했다.

너는 장차 받을 고난을 두려워하지 말라 볼지어다 마귀가 장차 너희 가운데에 서 몇 사람을 옥에 던져 시험을 받게 하리니 너희가 십 일 동안 환난을 받으리 라 네가 죽도록 충성하라 그리하면 내가 생명의 관을 네게 주리라 계 2:10

우리는 십자가에서 자신의 생명을 주신 예수님의 지극하신 사랑을 기억해야 한다. 우리가 천국에 갈 수 있는 것은 신앙의 선배들이 눈물로 전한 복음의 결과이다. 그들의 섬김과 희생으로 우리가 천국 잔치에 들어가게 된 것이다. 하나님은 오늘도 우리에게 천국의 잔치 자리로 사람들을 계속 초청하라고 말씀하신다.

만왕의 왕이신 하나님께서 베푼 천국 잔치에 사람을 초청하는 것은 인생에서 가장 중요한 일이다. 교회의 가장 중요한 사명은 한 영혼을 구원하여 천국으로 인도하는 일이다. 천국 잔치 자리가 가득 찰 때까지 사람들을 천국으로 초청하는 일에 열심을 다해야 할 것이다.

66 영생은 곧 유일하신 참 하나님과 그가 보내신 자
예수 그리스도를 아는 것이니이다

요한복음 17:3 99

Chapter 05

천국과
하나님 말씀

Chapter 05

천국과 하나님 말씀

교회에 다니는 사람에게 모두 믿음이 있다면 얼마나 좋을까? 그러나 실상은 그렇지 못하다. 교회에 다니는 것으로 만족하는 사람이 많기 때문이다. 너무나 안타까운 일이다. 예수님은 이 땅에 오셔서 천국을 가르치시고 이적을 행하셨다. 그럼에도 불구하고 회개하지 않는 자들이 있었다. 예수님은 그들에게 안타까움과 간절함으로 천국을 알리셨다.

사복음서에는 '천국', '하늘나라', '하나님의 나라'라는 표현이 백 번 이상 사용되었다. 요한복음에서는 '생명' 또는 '영생'이라는 말로 천국을 표현했다.

이 때부터 예수께서 비로소 전파하여 이르시되 회개하라 천국이 가까이 왔느니라 하시더라 마 4:17

천국을 알리시는 예수님의 열심은 대단했다. 가는 곳마다 천국에 대해 말씀하셨다.

예수께서 모든 도시와 마을에 두루 다니사 그들의 회당에서 가르치시며 천국 복음을 전파하시며 모든 병과 모든 약한 것을 고치시니라 마 9:35

마태복음 13장에서 예수님은 비유를 통해 말씀하셨다. 농부가 씨를 뿌렸을 때, 길가에 떨어진 씨는 새들이 먹어버렸고(3–4절), 돌밭에 떨어진 씨는 곧 싹이 났지만, 해가 뜨자 뿌리를 내리지 못해 말라버렸다(5–6절). 또 어떤 씨는 가시떨기 속에 떨어져서 자랄 수가 없었다(7절). 좋은 땅에 떨어진 씨는 백 배, 어떤 것은 육십 배, 어떤 것은 삼십 배의 열매를 맺었다(8절). 사람들이 이해하기 쉽도록 팔레스타인 지역의 농사를 비유로 천국을 말씀하신 것이다.

천국은 말씀을 듣는 것과 관계가 있다. 예수님은 마태복음 13장 9절에서 "귀 있는 자는 들으라"라고 하셨다. 천국으로 가는 믿음은 말씀을 들음으로 생긴다.

그러므로 믿음은 들음에서 나며 들음은 그리스도의 말씀으로 말미암았느니라 롬 10:17

그런데 하나님의 말씀을 듣고도 구원받지 못할 수 있다. 천국 비밀을 듣고도 깨닫지 못하기 때문이다. 믿음을 가진 것 같이 보이나, 거짓된 믿음을 가진 자들이 의외로 많다.

그러므로 내가 그들에게 비유로 말하는 것은 그들이 보아도 보지 못하며 들어
도 듣지 못하며 깨닫지 못함이니라 마 13:13

거짓 믿음

거짓된 믿음 중 하나는 단순한 지식적인 믿음이다. 아는 정도로 그치는 것
이다. 단지 머리로 알기만 하면 아무런 결과가 없다. 머리로만 아는 지식적인
믿음은 하나님의 은혜를 경험하지 못한다. 귀신도 예수님이 하나님의 아들이
며 메시아라는 사실을 안다고 했다.

네가 하나님은 한 분이신 줄을 믿느냐 잘 하는도다 귀신들도 믿고 떠느니라
약 2:19

여기서 '귀신들도 믿고'라는 뜻은 단순히 지식으로만 아는 것을 말한다. 지
식적인 믿음은 거짓 믿음이다. 수없이 말씀을 들어도 행하지 않는다. 그러나
참된 믿음을 가지면 신앙고백과 함께 하나님을 신뢰하고 하나님 말씀에 순종

하는 행위가 따른다. 지식적인 믿음에 대해 야고보서에서는 이렇게 말씀하고 있다.

이와 같이 행함이 없는 믿음은 그 자체가 죽은 것이라 약 2:17

영혼 없는 몸이 죽은 것 같이 행함이 없는 믿음은 죽은 것이니라 약 2:26

믿는 자라면 '행함(에르)'이 당연히 있어야 한다는 것이다. 구원받은 자는 행함으로 자신의 믿음을 보여야 한다. 행함이 없는 믿음은 뿌리가 죽고 열매가 없는 나무처럼 죽은 믿음이다.

또한 일시적이고 현세적인 믿음이 거짓 믿음이다. 그런 믿음은 세상의 일시적인 복만 추구하는 기복신앙이다. 이런 신앙을 가진 사람은 자신의 필요를 위해서만 하나님을 찾고 의지한다. 예수님을 주인으로 영접하지 않고 죄에 대한 회개도 없다. 당연히 하나님의 뜻에도 관심이 없다. 예수님을 주인으로 모시는 것이 아니라 자신이 필요할 때만 종처럼 찾고 부르는 수준에 머문다.

참 믿음

참된 믿음을 가지면 하나님과 예수님을 구체적으로 경험하게 된다. 믿음을 통해 영생을 얻은 자는 하나님과 예수님을 안다.

> 영생은 곧 유일하신 참 하나님과 그가 보내신 자 예수 그리스도를 아는 것이니
> 이다 요 17:3

여기서 '안다'의 뜻은 단순한 지식을 넘어서 아주 밀접한 관계, 연합함을 의미한다. '안다'의 원어를 살펴보면 헬라어로 '기노스코', 히브리어로 '야다'이다. 남녀의 동침을 의미할 정도로 철저하게 그리고 인격적으로 아는 것을 말한다. 예수님을 통해 알게 된 하나님 아버지와의 온전한 교제가 이루어지는 것이다. 또한 원문에서 '안다'는 현재가정법으로 쓰여 있다. 이는 예수님을 아는 지식이 계속됨을 뜻한다. 하나님과의 사랑의 교제가 이 세상에 사는 동안 계속해서 이어지기 때문이다. 그뿐만 아니라 하나님의 사랑은 육체의 죽음 이후에도 계속된다. 예수님은 이렇게 말씀을 하셨다.

> 너희는 마음에 근심하지 말라 하나님을 믿으니 또 나를 믿으라 내 아버지 집
> 에 거할 곳이 많도다 그렇지 않으면 너희에게 일렀으리라 내가 너희를 위하여
> 거처를 예비하러 가노니 가서 너희를 위하여 거처를 예비하면 내가 다시 와서
> 너희를 내게로 영접하여 나 있는 곳에 너희도 있게 하리라 요 14:1-3

이 말씀은 하나님과 믿는 자의 교제가 천국에서 영원할 것을 말씀하신 것

이다. 믿음은 죄에 대한 회개와 함께 예수님을 구주로 영접하는 것이다.

사람이 마음으로 믿어 의에 이르고 입으로 시인하여 구원에 이르느니라 롬 10:10

천국 말씀

말씀은 하나님께서 우리에게 주시는 생명의 말씀이다.

가서 성전에 서서 이 생명의 말씀을 다 백성에게 말하라 하매 행 5:20

생명의 말씀을 밝혀 나의 달음질이 헛되지 아니하고 수고도 헛되지 아니함으로 그리스도의 날에 내가 자랑할 것이 있게 하려 함이라 빌 2:16

또한 영생의 말씀이다.

시몬 베드로가 대답하되 주여 영생의 말씀이 주께 있사오니 우리가 누구에게로 가오리이까 요 6:68

나는 그의 명령이 영생인 줄 아노라 그러므로 내가 이르는 것은 내 아버지께서

내게 말씀하신 그대로니라 하시니라 요 12:50

예수님은 씨 뿌리는 비유를 들어 천국에 대해 구체적으로 말씀해 주셨다.

아무나 천국 말씀을 듣고 깨닫지 못할 때는 악한 자가 와서 그 마음에 뿌려진 것을 빼앗나니 이는 곧 길가에 뿌려진 자요 마 13:19

말씀은 지옥에 가야 할 죄인을 천국으로 인도한다. 복되고 기쁜 소식인 것이다. 그래서 말씀을 천국 복음이라고 표현하기도 한다.

예수께서 온 갈릴리에 두루 다니사 그들의 회당에서 가르치시며 천국 복음을 전파하시며 백성 중의 모든 병과 모든 약한 것을 고치시니 마 4:23

이 천국 복음이 모든 민족에게 증언되기 위하여 온 세상에 전파되리니 그제야 끝이 오리라 마 24:14

예수님의 관심

예수님의 관심은 어디에 있을까? 우리는 마태복음 13장 19~23절의 씨 뿌리는 비유를 통해 알 수 있다.

아무나 천국 말씀을 듣고 깨닫지 못할 때는 악한 자가 와서 그 마음에 뿌려진
것을 빼앗나니 이는 곧 길 가에 뿌려진 자요 돌밭에 뿌려졌다는 것은 말씀을
듣고 즉시 기쁨으로 받되 그 속에 뿌리가 없어 잠시 견디다가 말씀으로 말미암
아 환난이나 박해가 일어날 때에는 곧 넘어지는 자요 가시떨기에 뿌려졌다는
것은 말씀을 들으나 세상의 염려와 재물의 유혹에 말씀이 막혀 결실하지 못하
는 자요 좋은 땅에 뿌려졌다는 것은 말씀을 듣고 깨닫는 자니 결실하여 어떤
것은 백 배, 어떤 것은 육십 배, 어떤 것은 삼십 배가 되느니라 하시더라

예수님의 관심은 '어떤 씨를 뿌리는가?'가 아니다. '씨 뿌리는 자'도 아니다.
'씨 뿌리는 방법'도 아니다. 예수님의 관심은 씨가 '뿌려지는 밭'이다. 밭은 사람
의 마음 상태를 말한다. 예수님은 마음의 상태가 얼마나 중요한가를 말씀하
셨다. 말씀을 받는 마음의 상태를 '길가', '돌밭', '가시떨기 위', '좋은 땅' 네 가지
마음의 밭으로 표현하여 설명하셨다.

1) 길가와 같은 마음

아무나 천국 말씀을 듣고 깨닫지 못할 때는 악한 자가 와서 그 마음에 뿌려진
것을 빼앗나니 이는 곧 길 가에 뿌려진 자요 마 13:19

길가에 뿌려진 씨앗은 반응하지 않는다. 길가는 밭과 밭 사이에 난 좁은 길이다. 사람들이 다니는 길이기에 딱딱하고 거칠어서 씨앗이 뿌리내릴 수 없다. 길가와 같은 마음은 마음의 문을 걸어 잠그고 있는 상태이다. 마음의 문을 닫고 있으면 구원을 받을 수 없다. 말씀이 주는 하나님의 은혜를 경험할 수 없다. 천국 말씀을 거부하는 자는 멸망의 길로 갈 수밖에 없다. 교회에 다녀도 복음을 받아들이지 않은 사람이 많다. 세상의 잘못된 관습이나 사상으로 마음을 채우다 보니 마음 밭이 딱딱해서 천국 말씀이 들어갈 틈이 없는 것이다.

2) 돌밭과 같은 마음

돌밭에 뿌려졌다는 것은 말씀을 듣고 즉시 기쁨으로 받되 그 속에 뿌리가 없어 잠시 견디다가 말씀으로 말미암아 환난이나 박해가 일어날 때에는 곧 넘어지는 자요 마 13:20-21

팔레스타인 지역은 대부분 암석으로 형성되어 있어서 밭을 일굴 때 흙이 얕은 구역이 많다. 이런 곳에 씨가 뿌려지면 일시적으로는 싹이 나지만 뿌리를 내릴 수 없기에 크게 성장하지 못하고 해가 나면 시들어 버리고 만다.

이런 자는 말씀을 기쁨으로 받고 회개하는 것처럼 보이지만 실제로 행하지는 않는 자이다. 말씀을 행하지 않기에 마음은 완악한 상태 그대로이다. 살아계신 하나님에 대한 경험이 없기에 말씀이 뿌리내리지 못해, 문제가 생기면 하나님과 쉽게 멀어진다. 유혹과 시련이 오면 감정의 지배를 받아 말씀을 들은 기쁨은 곧 사라지고 만다. 예수님께서는 이런 자를 '잠시 견디다가 곧 넘어지는 자'라고 하셨다.

3) 가시떨기와 같은 마음

가시떨기에 뿌려졌다는 것은 말씀을 들으나 세상의 염려와 재물의 유혹에 말씀이 막혀 결실하지 못하는 자요 마 13:22

씨를 뿌릴 때 어떤 씨앗은 가시떨기가 자라는 곳에 떨어져서 함께 자란다. 처음에는 잘 자라지만 어느 시점이 오면 가시떨기의 그늘에서 영양분을 빼앗겨서 열매를 맺을 수 없게 된다. 이런 자는 복음을 받고 오랫동안 신앙생활은 하지만 열매가 없는 자이다.

여기서 가시떨기는 신앙 성장의 방해요소이다. 신앙에 방해되는 요소에 갇혀서 신앙의 명맥만을 유지하는 사람이다. 예수님은 신앙 성장의 가장 큰 방해 요소가 세상의 염려와 재물의 유혹이라고 말씀하셨다. 가시떨기는 이 세상의 기운이다. 이 세상은 염려와 재물의 유혹으로 가득 차 있다. 길가와 돌밭이 마음의 상태라면 가시는 외부 문제를 말하는 것이다.

더러는 가시떨기 위에 떨어지매 가시가 자라서 기운을 막았고 마 13:7

'가시가 자라서 기운을 막았고'라는 뜻은 '질식시키다'라는 뜻이 있다. 여기서 '기운'은 성령을 가리키기도 한다. 믿는 자가 이생의 염려와 재물의 유혹을 받고 살면 성령께서 활동하시는 것을 막게 된다. 성령의 인도하심을 받지 못하고 사는 자가 되는 것이다.

4) 좋은 밭과 같은 마음

좋은 땅에 뿌려졌다는 것은 말씀을 듣고 깨닫는 자니 결실하여 어떤 것은 백 배, 어떤 것은 육십 배, 어떤 것은 삼십 배가 되느니라 하시더라 마 13:23

좋은 땅은 충분한 수분이 있고 돌과 잡초가 제거된 옥토를 말한다. 좋은 땅은 식물이 자라서 열매 맺기에 좋은 조건을 갖추고 있다. 씨앗을 받아 열매를 맺을 수 있는 상태가 바로 좋은 밭인 것이다. 하나님 말씀을 받고 행할 수 있는 자세가 되어 있는 마음을 말한다.

좋은 땅은 당연히 열매가 많다. 성경은 최소 30배에서 100배의 열매를 맺게 된다고 말씀하고 있다. 여기서 결실은 미완료 시제로 쓰여 있는데, 결실이 어느 한계점에 도달해 끝나는 것이 아니라 계속적으로 열매 맺음을 뜻한다. 좋은 마음 밭을 가진 자의 열매는 주님 앞에 갈 때까지 계속된다.

예수님께서 씨 뿌리는 비유를 말씀하시는 중 마태복음 13장 12절에서 "무릇 있는 자는 받아 넉넉하게 되되 없는 자는 그 있는 것도 빼앗기리라"라고 말씀하셨다. 좋은 마음 밭을 가진 자는 상상할 수 없을 만큼 많은 열매를 맺게 될 것을 말씀하신 것이다.

좋은 밭과 같은 마음을 가진 자는 영적인 부자가 된다. 주님 앞에 섰을 때 칭찬과 상급도 많을 것이다. 좋은 마음 밭을 가진 성도들이 모여 건강한 교회를 이룰 때 하나님의 뜻이 이 땅에 이루어지게 되는 것이다. 건강한 성도 건강한 교회의 모델인 데살로니가 교회가 좋은 교회인 이유는 바로 그들의 마음 밭이 좋았기 때문이다. 데살로니가 성도들은 말씀을 받을 때 사람의 말로 받지 않고 하나님의 말씀으로 받았다.

이러므로 우리가 하나님께 끊임없이 감사함은 너희가 우리에게 들은 바 하나님의 말씀을 받을 때에 사람의 말로 받지 아니하고 하나님의 말씀으로 받음이니 진실로 그러하도다 이 말씀이 또한 너희 믿는 자 가운데에서 역사하느니라

살전 2:13

천국을 기대하는 삶

우리는 이 세상을 창조하시고, 통치하시고, 역사하시는 하나님의 말씀을 들

고 겸손히 행해야 한다. 주님께서는 이런 자를 위해 하루속히 재림하셔서 상 주기를 원하신다.

보라 내가 속히 오리니 이 두루마리의 예언의 말씀을 지키는 자는 복이 있으리라 하더라 계 22:7

보라 내가 속히 오리니 내가 줄 상이 내게 있어 각 사람에게 그가 행한 대로 갚아 주리라 계 22:12

올림픽에서 메달을 따는 것은 영광스러운 일이다. 그러나 그 영광은 잠깐이다. 사도 바울은 썩지 않을 영원한 면류관, 천국의 면류관을 사모하며 살았다.

이기기를 다투는 자마다 모든 일에 절제하나니 그들은 썩을 승리자의 관을 얻고자 하되 우리는 썩지 아니할 것을 얻고자 하노라 고전 9:25

바울은 말씀대로 산 자신의 삶의 결과가 천국에서 영원히 누릴 면류관이라고 외쳤다. 천국에서 받을 상급을 기대하며 설레는 마음으로 외쳤다.

나는 선한 싸움을 싸우고 나의 달려갈 길을 마치고 믿음을 지켰으니 이제 후로는 나를 위하여 의의 면류관이 예비되었으므로 주 곧 의로우신 재판장이 그

날에 내게 주실 것이며 내게만 아니라 주의 나타나심을 사모하는 모든 자에게

도니라 딤후 4:7-8

    그리고 예수님을 믿는 모든 자가 자신처럼 면류관을 받는 자가 되길 간절하게 호소했다. 주님은 천국에서 우리가 누릴 영원한 면류관을 준비하고 기다리신다. 하나님과 함께 영광스러운 천국을 누리기 위해서는 좋은 밭과 같은 마음으로 말씀의 열매를 맺어야 한다. 천국의 영원한 영광을 기대하라!

"가라지를 뿌린 원수는 마귀요 추수 때는 세상 끝
이요 추수꾼은 천사들이니

마태복음 13:39
"

천국 가는 길과 가라지

Chapter 06

천국 가는 길과 가라지

하나님을 믿지 않는 사람도 천국이 좋은 곳임을 안다. 천국에 가기를 원한
다는 말을 듣고 기분 나빠하는 사람은 아무도 없다. 그렇지만 사람들은 천국
에 가는 방법에 관심을 두지 않는다. 자신의 힘으로 쟁취할 수 있다고 생각하
기도 한다. 그러나 천국은 소유나 노력으로 얻을 수 있는 것이 아니다. 예수님
을 믿고 하나님을 아버지로 모시고 살아갈 때, 천국을 선물로 받고 이 땅에서
천국의 기쁨을 미리 맛보며 살 수 있다.

천국 가는 길

예수님은 이 땅에 오셔서 천국 가는 길을 알려 주셨다. 그리고 자신이 직접 천국의 길이 되심을 말씀하셨다.

예수께서 이르시되 내가 곧 길이요 진리요 생명이니 나로 말미암지 않고는 아버지께로 올 자가 없느니라 요 14:6

마태복음 13장 24-30절에 천국에 대한 두 번째 비유가 나온다. 곡식과 가라지 비유이다.

예수께서 그들 앞에 또 비유를 들어 이르시되 천국은 좋은 씨를 제 밭에 뿌린 사람과 같으니 사람들이 잘 때에 그 원수가 와서 곡식 가운데 가라지를 덧뿌리고 갔더니 싹이 나고 결실할 때에 가라지도 보이거늘 집 주인의 종들이 와서 말하되 주여 밭에 좋은 씨를 뿌리지 아니하였나이까 그런데 가라지가 어디서 생겼나이까 주인이 이르되 원수가 이렇게 하였구나 종들이 말하되 그러면 우리가 가서 이것을 뽑기를 원하시나이까 주인이 이르되 가만 두라 가라지를 뽑다가 곡식까지 뽑을까 염려하노라 둘 다 추수 때까지 함께 자라게 두라 추수 때에 내가 추수꾼들에게 말하기를 가라지는 먼저 거두어 불사르게 단으로 묶고 곡식은 모아 내 곳간에 넣으라 하리라 마 13:24-30

이에 예수께서 무리를 떠나사 집에 들어가시니 제자들이 나아와 이르되 밭의 가라지의 비유를 우리에게 설명하여 주소서 대답하여 이르시되 좋은 씨를 뿌리는 이는 인자요 밭은 세상이요 좋은 씨는 천국의 아들들이요 가라지는 악한 자의 아들들이요 가라지를 뿌린 원수는 마귀요 추수 때는 세상 끝이요 추수꾼은 천사들이니 그런즉 가라지를 거두어 불에 사르는 것 같이 세상 끝에도 그러하리라 인자가 그 천사들을 보내리니 그들이 그 나라에서 모든 넘어지게 하는 것과 또 불법을 행하는 자들을 거두어 내어 풀무 불에 던져 넣으리니 거기서 울며 이를 갈게 되리라 그 때에 의인들은 자기 아버지 나라에서 해와 같이 빛나리라 귀 있는 자는 들으라 마 13:36-43

예수님은 이 비유에서 좋은 씨를 뿌리는 사람이 자신임을 말씀하셨다.

대답하여 이르시되 좋은 씨를 뿌리는 이는 인자요 마 13:37

예수님은 사람들을 천국으로 인도하기 위해 오셨다. 예수 그리스도를 통해 천국에 갈 수 있다는 것보다 더 기쁜 소식은 없다. 복음은 인간이 죄인이며, 인간의 죗값을 예수님께서 대신 짊어지시고 십자가에 죽으시고 살아나셨다는 사실이다. 예수님은 이 땅에 영혼 구원을 위해 오셨다는 사실을 강조하셨다. 그리고 열심히 복음을 선포하셨다.

이르시되 우리가 다른 가까운 마을들로 가자 거기서도 전도하리니 내가 이를

위하여 왔노라 하시고 막 1:38

천국 가는 길의 방해자

그런데 천국 가는 길을 열심히 알리고 자신의 생명을 주신 예수님의 사역

을 방해하는 자들이 있다. 예수님은 이들을 '원수'라고 표현하셨다.

사람들이 잘 때에 그 원수가 와서 곡식 가운데 가라지를 덧뿌리고 갔더니

마 13:25

그리고 원수가 누구인지는 마태복음 13장 39절에서 설명해 주셨다.

가라지를 뿌린 원수는 마귀요 추수 때는 세상 끝이요 추수꾼은 천사들이니

마 13:39

'원수는 마귀요'라는 구절에서 '원수'는 '대적하는 자'이다. 마귀는 '중상모략

하는 자'라는 뜻이다. 하나님을 대적하다가 천국에서 쫓겨난 마귀는 하나님과

인간 사이를 이간질시켜 불화하도록 한다. 마귀는 하나님과 아담 사이를 이간

질했던 것처럼 하나님과 인간 사이를 태초부터 이간질했다. 영적인 기쁨이 사라졌는가? 원수 마귀의 영향을 받고 있는지 살펴야 한다. 하나님과 멀어지고 있다면 원수 마귀가 하나님과 나 사이를 이간질하고 있음을 깨달아야 한다. 더 열심히 기도하고 말씀을 가까이해야 한다. 마귀는 신앙을 파괴하기 위해 오늘도 활동한다.

마귀가 뿌린 가라지는 복음의 진리를 깨닫지 못하게 한다. 사람들이 천국에 가지 못하도록 크고 작은 장애물을 세워 둔다. '가라지'는 팔레스타인 지방에 서식하는데, '독보리'라고도 한다. 보리와 비슷해 이삭이 필 때까지 보리와 구분하기 어렵다. 그러다 추수 때가 되어야 구분이 된다. 가라지는 독성이 있어서 잘못 먹으면 경련과 설사를 일으키고, 심한 경우 죽음을 초래하기도 한다.

마태복음 13장 25절에서는 "사람들이 잘 때에 그 원수가 와서 곡식 가운데 가라지를 덧뿌리고 갔더니"라고 말씀하고 있다. 본문의 '덧뿌리고'라는 말씀의 의미를 생각해 보아야 한다. '덧뿌리다'는 헬라어로 '에피스페이로'인데, 이는 '뿌린 씨 위에 한 번 더 뿌린다'라는 뜻이 있다. 순수한 신앙을 유지하지 못하도록 변질시키는 것이다. 마귀가 진리를 변질시키기 위해 거짓으로 덮어버림을 뜻한다.

교회에 다니다가 이단에 빠지거나 잘못된 사상으로 교회를 떠나는 사람들이 마귀가 뿌린 가라지의 영향을 받았다고 할 수 있다. 마귀가 덧뿌리는 가라지는 '거짓 복음'이나 '잘못된 사상', '잘못된 지식', '거짓 역사' 등을 이용한다. 이 땅에 천국이 이루어질 것처럼 거짓을 말하고 재림 예수가 나타나 영원히 살 것처럼 유혹하기도 한다. 복음을 교묘하게 왜곡시키는 자들 중에는 예수님의 부활을 부인하는 사람들이 있다. 심지어 예수님의 부활을 부인하는 신학자들도 있다. 가라지의 실체는 결실할 때 비로소 드러난다.

싹이 나고 결실할 때에 가라지도 보이거늘 마 13:26

가라지는 성장하는 과정에서는 알 수가 없다. 결실기까지는 자신의 본 모습을 드러내지 않기 때문이다. 가라지의 실체를 알기 전까지는 좋아 보이기도 한다. 사탄 역시 선하게 위장하여 유혹하기 때문에 우리가 깨어있지 않으면 깨닫지 못할 수 있다. 아담과 하와가 먹어서는 안 되는 선악과를 보았을 때와 같다.

여자가 그 나무를 본즉 먹음직도 하고 보암직도 하고 지혜롭게 할 만큼 탐스럽기도 한 나무인지라 여자가 그 열매를 따먹고 자기와 함께 있는 남편에게도 주매 그도 먹은지라 창 3:6

주님의 마음

밭에서 가라지를 제거하는 일은 중요하다. 그러나 가라지가 어느 정도 자라면 뽑기가 불가능하다. 가라지는 언제 뽑을까?

주인이 이르되 가만 두라 가라지를 뽑다가 곡식까지 뽑을까 염려하노라

마 13:29

주인은 가라지를 뽑으려다가 곡식까지 뽑을 수 있음을 염려하고 있다. 그렇다면 가라지 뽑는 일을 포기해야 할까? 아니다. 가라지를 제거하기 원하는 주인의 마음은 간절하지만 가라지를 뽑아야 할 때를 기다리라는 뜻이다. 가라지는 곡식보다 뿌리가 강하기에 가라지를 뽑으면 주위 곡식도 함께 뽑힌다. 그래서 주인인 예수님께서는 가라지를 뽑지 말라고 하셨다. 한 영혼이라도 더 천국에 들어가기를 원하시는 예수님의 마음을 알 수 있다.

둘 다 추수 때까지 함께 자라게 두라 추수 때에 내가 추수꾼들에게 말하기를 가라지는 먼저 거두어 불사르게 단으로 묶고 곡식은 모아 내 곳간에 넣으라

하리라 마 13:30

추수 때가 되면 정확하게 구별된다. 알곡과 가라지를 쉽게 구별하여 추수

할 수 있다. 추수 때는 최후의 심판을 뜻한다. 하지만 많은 사람이 최후의 심판이 있음을 잊고 살아간다. 심판의 때 모든 것이 완성된다. 의인은 하나님의 집에서 영원한 안식을 누리고, 악인은 멸망의 자리에서 영원한 고통을 당하게 된다.

그러므로 악인들은 심판을 견디지 못하며 죄인들이 의인들의 모임에 들지 못하리로다 시 1:5

그가 임하시되 땅을 심판하러 임하실 것임이라 그가 의로 세계를 심판하시며 그의 진실하심으로 백성을 심판하시리로다 시 96:13

한번 죽는 것은 사람에게 정해진 것이요 그 후에는 심판이 있으리니 히 9:27

가라지의 결말

성경은 믿는 것처럼 보였으나 실제로는 회개하지 않고 믿지 않은 자들의 최후에 대해 말씀하고 있다.

둘 다 추수 때까지 함께 자라게 두라 추수 때에 내가 추수꾼들에게 말하기를

가라지는 먼저 거두어 불사르게 단으로 묶고 곡식은 모아 내 곳간에 넣으라
하리라 마 13:30

일반적으로 곡식을 먼저 거두고, 가라지를 모아 불에 태운다. 그런데 성경
은 "가라지는 먼저 거두어 불사르게 단으로 묶고"라고 말씀한다. 재림하신 예
수님께서도 악인부터 영원한 멸망의 불에 결박하여 넣을 것이라고 말씀하셨
다. 예수님은 가라지 비유에 대해 설명하시면서 악인의 멸망에 대해 구체적으
로 설명하셨다.

그런즉 가라지를 거두어 불에 사르는 것 같이 세상 끝에도 그러하리라 인자가
그 천사들을 보내리니 그들이 그 나라에서 모든 넘어지게 하는 것과 또 불법
을 행하는 자들을 거두어 내어 풀무 불에 던져 넣으리니 거기서 울며 이를 갈
게 되리라 마 13:40-42

불은 지옥이다. 불심판 장면에 대해 예수님은 특별히 강조해서 말씀하셨다.
지옥이 무서운 곳임을 깨닫고 회개하기를 원하시기 때문일 것이다.

사망과 음부도 불못에 던져지니 이것은 둘째 사망 곧 불못이라 누구든지 생명
책에 기록되지 못한 자는 불못에 던져지더라 계 20:14-15

또 왼편에 있는 자들에게 이르시되 저주를 받은 자들아 나를 떠나 마귀와 그

사자들을 위하여 예비된 영원한 불에 들어가라 마 25:41

성경은 지옥을 풀무 불, 불못, 영원한 불 등으로 표현하고 있으며, 마태복음 13장 40절에서는 "그런즉 가라지를 거두어 불에 사르는 것 같이"라고 말씀하고 있다. 악인이 처해질 영원한 심판의 장면을 말씀하신 것이다. 그리고 42절에서는 "풀무 불에 던져 넣으리니 거기서 울며 이를 갈게 되리라"라고 말씀하고 있다. 울며 이를 간다는 것은 굶주림에 지친 짐승이 으르렁대는 모습으로, 극심한 고통으로 인한 울부짖음을 뜻한다. 지옥의 고통이 너무나 극심할 뿐 아니라 영원한 고통임을 알려 주는 말씀이다. 교회를 다니다가 어떤 이유에서든 교회를 떠난 수많은 사람 즉, 비신자에게 고통이 영원히 계속될 것임을 강조하시면서 천국으로 인도하기 위해 노력하시는 것이다.

하늘의 처소인 천국

둘 다 추수 때까지 함께 자라게 두라 추수 때에 내가 추수꾼들에게 말하기를

가라지는 먼저 거두어 불사르게 단으로 묶고 곡식은 모아 내 곳간에 넣으라

하리라 마 13:30

마태복음 13장 30절에서 말하는 '곡식'은 성도, '곳간'은 예수님께서 오셔서 의인들을 인도할 하늘 처소, 즉 천국을 가리킨다.

그 때에 의인들은 자기 아버지 나라에서 해와 같이 빛나리라 귀 있는 자는 들으라 마 13:43

여기서 '의인'은 성도를 말한다. 이들이 해와 같이 빛날 것이라는 말씀이다. 하나님께서 예수님의 생명과 맞바꾸면서까지 우리에게 주기 원하신 천국을 간절히 사모하며 살아야 한다. 사탄은 예수님이 이 땅에 오시는 것부터 적극적으로 방해했다. 헤롯을 이용하여 적극적으로 방해했다. 그리고 예수님이 자신이 구세주이며 하나님의 아들임을 증거하자 정치인과 유대 지도자들이 합세해서 십자가에 못 박았다. 그 이후에도 제자들의 사역을 방해했다. 오늘도 사탄은 예수님이 뿌린 씨 위에 가라지를 뿌려 진리가 열매 맺지 못하도록 하며 지옥으로 인도하고 있다.

예수님이 나의 죄 때문에 십자가에 죽으시고 다시 살아나심을 믿는가? 예수님을 삶의 주인으로 모시고 사는가? 그렇다면 하나님의 자녀이기 때문에 천국에 갈 수 있다. 우리는 흔들림 없는 믿음으로 천국을 소망하며 살아야 한다.

The Kingdom of GOD

66 하나님이 세상을 이처럼 사랑하사 독생자를 주셨
으니 이는 그를 믿는 자마다 멸망하지 않고 영생을
얻게 하려 하심이라

요한복음 3:16
99

천국 복음의 영향력

Chapter 07

천국 복음의 영향력

천국은 예수님에 의해 시작되었다. 처음은 너무나 미약하게 보였다. 예수님이 이 땅에 오심이 그랬다. 누구의 관심도 받지 못했다. 마구간에서 태어나시고, 수많은 핍박과 박해를 받으셨다. 그 가운데서도 천국 복음은 계속 전파되어 갔다. 복음은 온 세계를 변화시켰다.

겨자씨 비유

예수님은 천국을 '겨자씨 한 알과 같다'고 말씀하셨다.

또 비유를 들어 이르시되 천국은 마치 사람이 자기 밭에 갖다 심은 겨자씨 한 알 같으니 마 13:31

셀 수 없이 많은 식물의 씨앗 중에 왜 하필 겨자씨와 비교하셨을까? 겨자 씨는 그 어떤 씨보다 작다. 보잘것없어 보인다. 그러나 겨자씨가 심기면 매우 위대한 결과를 낳는다. 씨 자체만으로 양념과 약재로 쓰이고, 씨가 열매를 맺 어 자라면 잎과 줄기는 먹을 수 있다. 큰 나무로 자라면 공중의 새들이 가지 에 앉아 깃들이기도 한다.

이는 모든 씨보다 작은 것이로되 자란 후에는 풀보다 커서 나무가 되매 공중의 새들이 와서 그 가지에 깃들이느니라 마 13:32

겨자씨는 예수님에 의해 뿌려진 천국 복음과 같다. 예수님은 열심히 천국 복음을 전파하시며 아름다운 열매를 맺으셨다.

예수께서 모든 도시와 마을에 두루 다니사 그들의 회당에서 가르치시며 천국 복음을 전파하시며 모든 병과 모든 약한 것을 고치시니라 마 9:35

누룩 비유

예수님은 마태복음 13장 33절에서도 복음의 영향력을 강조하셨다.

또 비유로 말씀하시되 천국은 마치 여자가 가루 서 말 속에 갖다 넣어 전부 부
풀게 한 누룩과 같으니라 마 13:33

누룩 비유의 말씀은 겨자씨 비유와 비슷한 메시지를 가진다. 누룩은 빵을
만들 때 가루 반죽을 부풀게 하는 효소이다. 마태복음 13장 33절에서는 정복
하는 힘이 있는, 긍정적인 것을 의미한다. 천국 복음의 영향력이 점점 커져서
세상에 큰 변화를 가져오게 될 것을 말씀하시는 것이다. 누룩은 드러나지 않
고 은밀하게 영향력을 행사한다. 겨자씨는 싹이 나고 자라는 것을 눈으로 볼
수 있지만, 누룩은 눈에 보이지 않는다. 그러나 조용히 그리고 꾸준히 주변을
변화시킨다.
　성도는 누룩처럼 자신을 드러내며 자랑하지 않아도 조용하게 주변을 변화
시키는 힘이 있어야 한다. 세상은 지위나 힘으로 세상을 변화시키려고 하지
만, 예수님은 잔잔한 사랑으로, 복음의 능력으로 세상을 변화시키셨다. 성도
들과 교회가 세상에서 누룩의 역할을 해야 한다. 복음은 내적인 변화를 일으
킨다. 세상에 잠재되어 있는 죄의 세력을 물리치는 것이다. 누룩의 역할을 잘
감당할 때 결국은 온 세상을 거룩한 영향력으로 사로잡을 것이다.

복음이 들어간 곳의 구체적인 변화

천국 복음은 가정을 변화시키고 나아가 사회와 국가를 변화시킨다. 동서고
금을 막론하고, 일부일처제보다 일부다처제를 채택한 곳이 많다. 그러나 우리
나라는 교회가 앞장서서 일부다처제를 반대하고 축첩 폐지에 앞장섰다. 그 결
과 일부일처제가 자연스럽게 정착되었다. 복음으로 변화된 가정은 작은 천국
을 이룬다.

인간의 법에 하나님의 뜻이 스며들기 시작하자 많은 변화가 있었다. 존 칼
빈(John Calvin)은 난민과 빈민 구제에 앞장섰으며, "군주가 행사하는 법이 하
나님의 명령을 거스르면 군주에게 반항할 수 있다"라고 했다. 그의 영향은 스
코틀랜드, 네덜란드, 프랑스, 스위스, 더 나아가 신대륙으로 퍼져 나갔다. 또
한 존 웨슬리(John Wesley)는 대중을 향해 노예제도를 비판하고 폐지를 주장
했다. 19세기 중반에 미국 교회에서 일어난 영적 부흥운동은 19세기 흑인 노
예 해방을 촉발하는 도화선이 되었다.

로마의 콘스탄틴 황제가 회심한 이후 그의 삶에는 큰 변화가 있었다고 한
다. 피비린내 나는 잔인한 검투사 시합을 금지시켰고, 과부, 고아, 가난한 자
를 위한 법을 제정했다. 노예들도 주일에 쉬도록 장려하고, 가정을 위한 법을
만들었다. 당시 그리스도인들은 죽음을 각오하고 황제숭배를 강요하는 국법
에 불순종하기도 했다. 역사학자 라투레트(K.S. Latourette)는 "기독교가 공

인된 이후 교회가 지적하는 죄들에 대한 처벌은 강화된 반면에 다른 죄들에 대한 처벌은 완화되었다"라고 했다.

우리나라의 헌법에 가장 큰 영향을 준 미국의 헌법은 기독교의 기초 위에서 제정되었다. 미국 연방 헌법 제정에 참여한 사람은 모두 그리스도인이었다고 한다. 이들은 자주 모여 예배드렸다. 미국의 민주주의를 형성하는 데 가장 큰 영향을 준 『정부론』의 저자는 존 로크(John Locke)이다. 그는 청교도 가문에서 교육을 받은 자로 성경에 대해 이렇게 말했다. "성경은 하나님이 그 자녀 인간에게 베푸신 최고 은총의 하나로 성경의 저자이신 하나님의 목적은 구원이며 그 내용은 진리로, 지극히 정결하고 참되어 지나침도 모자람도 없다."

미국의 각 주가 제정한 헌법조문도 기독교적인 내용을 기초로 만든 곳이 많다. 미국의 링컨(Abraham Lincoln) 대통령은 노예제도를 용납하는 대법원 판결에 대해 "국가나 국민은 하나님의 더 높은 권세에 순복할 의무가 있다"고 했다. 그 결과 미국은 노예제도를 폐지했다. 가장 먼저 성문 헌법을 만든 미국의 코네티컷 주는 헌법에 주의 설립 목적을 "우리 주 예수의 복음을 유지하고 보전하는 것"이며, "성경은 모든 사람이 하나님과 사람 앞에 수행하는 모든 직무의 방향과 행정에 완벽한 규칙을 제시한다"라고 명시함으로 성경이 모든 규범의 기준임을 공포했다.

우리나라에서는 구한말과 일제 강점기 민족의 보존과 근대화를 목적으로 많은 단체가 조직되었다. 계급 타파, 양성평등, 여성해방, 근대교육, 미신타파 등 사회개혁과 독립정신을 고취시켰다. 독립협회 주도층의 대다수는 그리스도인이었으며 흥사단을 세운 도산 안창호 역시 교회를 통해 애국애족 사상을 심어 주었다.

오늘날 우리는 민주주의 나라에서 살고 있다. 근대 민주주의 개념은 성경을 토대로 형성되었다. 브리태니커 백과사전에는 "그리스의 민주주의는 역사의 일회성 단막극으로 끝나 현대 국가의 이론과 실천에 큰 영향을 미치지 못한 반면에 하나님의 법, 자연의 법, 관습법은 민주주의 사상을 형성하는 주요 요인이 되었다"라고 기록하고 있다.

복음은 위대한 음악을 만들었다

오라토리오(oratorio)는 종교적 극음악으로, 현대에 와서는 종교적이지 않은 내용도 많아졌지만 주로 신앙적인 내용을 담고 있다. 세계 3대 오라토리오로 하이든(Franz Joseph Haydn)의 〈천지창조〉, 멘델스존(Felix Mendelssohn)의 〈엘리야〉, 헨델(George Frideric Handel)의 〈메시아〉를 꼽는데, 세 사람의 공통점이 있다면 모두 그리스도인이라는 것이다.

하이든은 〈천지창조〉를 쓸 때 한 소절, 한 소절 기도로 쓰며 주님의 은혜를 잊지 않으려고 노력했고, 헨델은 대표작인 〈메시아〉를 쓸 때 가사 한 구절, 한 구절을 모두 성경에서 따왔다고 한다. 특히 헨델은 23일 동안 골방에서 작곡을 하면서 엄청난 영적 체험으로 감정이 북받쳐서 울었다고 전해진다. 그는 메시아를 작곡한 후에 "하늘이 열리고 하나님이 몸소 중앙에 좌정하시며 주변에 천사가 있는 것을 보았다"라고 말했다. 메시아를 들으면 하나님의 사랑과 주님의 은혜를 생각하지 않을 수 없다. 메시아의 마지막 합창 '할렐루야'에서는 모든 청중이 일어나는 전통이 2백 년 이상 이어지고 있다.

이처럼 드러난 복음의 영향력만 보아도 천국 복음이 얼마나 위대한지 알 수 있다. 그래서 예수님은 천국을 겨자씨와 누룩에 비유하신 것이다.

복음의 씨앗을 뿌려라

우리는 복음의 씨앗을 뿌려야 한다. 대부분의 사람이 이 땅의 것에 초점을 맞추어 살지만 이 땅의 것은 시간이 지나면 낡고 녹슬어 못 쓰게 된다. 이 땅에 잠시 살 육체는 낡아지지만 복음을 통해 얻게 되는 새 생명은 낡아지지 않는다. 오히려 날로 새로워진다.

그러므로 우리가 낙심하지 아니하노니 우리의 겉사람은 낡아지나 우리의 속사람은 날로 새로워지도다 고후 4:16

겨자씨 한 알이 뿌려져서 열매를 맺으면, 다른 식물까지 모두 살린다. 복음의 능력도 마찬가지다. 개인이 살고, 가정이 살고, 공동체가 살고, 더 나아가 국가가 산다. 복음의 씨앗을 거부한 공동체나 국가는 미리 지옥의 맛을 보게 된다. 예수님을 거부한 나라들을 보라. 그곳은 인간다움을 누릴 수 없다. 평화도 없고 자유도 없다.

이슬람 국가를 보면 참으로 살벌한 일이 많다. 이슬람교에서는 가문에서 개종을 하면 그 사람을 죽이는데, 이를 명예살인이라 부른다. 한 해 평균 수천 명 이상이 명예살인으로 죽는다고 한다. 그 외에 부모가 택한 사람과의 결혼을 거부하거나 가족의 동의 없이 결혼해도 명예살인을 당한다. 이슬람 국가에서는 이런 행위를 명예를 지키기 위한 어쩔 수 없는 선택이라고 말한다. 지금도 지구 곳곳에서 이런 일이 버젓이 일어나고 있다. 위대한 알라신을 배반한 자는 마땅히 처벌되어야 한다는 신념을 가지고 있기 때문이다. 살인행위는 지르가(마을 지도자 회의)의 명령에 따라 집행될 수도 있으나, 대개의 경우 직계가족에 의해 저질러진다. 당사자에게 변호나 해명할 기회를 주지 않는다. 인간의 존엄성이 없다. 그러나 복음의 씨앗은 하나님의 사랑 가운데 살게 한다. 성경은 끊임없이 "하나님은 사랑이시라"라고 말씀하고 있다.

하나님이 우리를 사랑하시는 사랑을 우리가 알고 믿었노니 하나님은 사랑이시라 사랑 안에 거하는 자는 하나님 안에 거하고 하나님도 그의 안에 거하시느니라 요일 4:16

하나님의 사랑을 받아들이면 행복하다. 회복이 있고, 평안과 진정한 자유가 있다. 하나님은 인간을 너무나 사랑하셔서 예수님을 통해 사랑을 입증해 보이셨다.

하나님이 세상을 이처럼 사랑하사 독생자를 주셨으니 이는 그를 믿는 자마다 멸망하지 않고 영생을 얻게 하려 하심이라 요 3:16

복음의 씨앗은 하나님을 만나게 한다. 하늘로 가는 길을 알려 준다. 이 씨앗이 뿌려지면 보는 시야가 넓어진다. 땅만 보고 살던 시야에서 벗어나 하늘을 본다. 하나님의 뜻이 무엇인지 살피게 된다. 천국 복음은 부활의 기쁨을 주고 영원한 생명을 얻게 한다.

천국 준비

예수님께서는 천국에서 우리를 맞이하기 위해 준비하고 계신다.

너희는 마음에 근심하지 말라 하나님을 믿으니 또 나를 믿으라 내 아버지 집에 거할 곳이 많도다 그렇지 않으면 너희에게 일렀으리라 내가 너희를 위하여 거처를 예비하러 가노니 가서 너희를 위하여 거처를 예비하면 내가 다시 와서

너희를 내게로 영접하여 나 있는 곳에 너희도 있게 하리라 요 14:1-3

주님이 준비하신 천국을 사모하며 살아야 한다. 주님께서 오라 하시면 이 땅에서 집착하던 것은 다 버리고 가야 한다. 사도 바울은 천국에 대한 간절함으로 이렇게 고백했다.

그러나 만일 육신으로 사는 이것이 내 일의 열매일진대 무엇을 택해야 할는지 나는 알지 못하노라 내가 그 둘 사이에 끼었으니 차라리 세상을 떠나서 그리스도와 함께 있는 것이 훨씬 더 좋은 일이라 그렇게 하고 싶으나 내가 육신으로 있는 것이 너희를 위하여 더 유익하리라 빌 1:22-24

이 천국 복음이 모든 민족에게 증언되기 위하여 온 세상에 전파되리니 그제야 끝이 오리라 마 24:14

예수님은 천국 복음이 모든 민족에게 전파되기를 간절히 원하신다. 그리고 복음 전파의 사명을 우리에게 맡기셨다. 보잘것없어 보이는 겨자씨 같은 믿음이 성도를 천국으로 이끌어 간다. 천국에서의 삶을 기대하자. 이 땅에서 복음의 선한 영향력을 행사하며 천국을 준비하는 지혜로운 믿음의 사람이 되자.

66 천국은 마치 밭에 감추인 보화와 같으니 사람이 이를
발견한 후 숨겨 두고 기뻐하며 돌아가서 자기의
소유를 다 팔아 그 밭을 사느니라

마태복음 13:44 99

Chapter 08

천국의 가치

Chapter 08

천국의 가치

    한 소년이 나면서부터 앞을 보지 못했다. 어머니는 아들에게 세상을 설명하기 위해 애썼다. 그러던 어느 날 소년은 각막 이식 수술을 받게 되었다. 수술은 성공적으로 잘 끝났고, 소년은 아름다운 꽃과 새, 나무 등을 보게 되었다. 감격한 소년은 어머니에게 달려가서 이렇게 말했다. "엄마! 이렇게 아름다운 세상에 내가 살고 있다는 사실을 왜 진작 말씀해 주시지 않았어요?" 그때 어머니는 말했다. "애야! 모두 이야기해 주었단다. 그런데 이 아름다움을 말로 어떻게 다 표현할 수 있겠니?"

    우리는 성경을 통해 천국을 안다고 하지만, 실제로 가면 매우 놀라워할 것이다. 우리가 기대하던 것보다 수백수천 배는 더 멋지지 않을까! 예수님은 천국에 대해 거듭 말씀하시면서 천국은 이 세상의 그 무엇과 비교할 수 없는 최고의 가치임을 말씀해 주셨다.

천국은 마치 밭에 감추인 보화와 같으니 사람이 이를 발견한 후 숨겨두고 기뻐하며 돌아가서 자기의 소유를 다 팔아 그 밭을 사느니라 마 13:44

예수님은 천국을 말씀하시면서 사람들의 관심인 보화를 비유로 말씀하셨다. 당시 부자들은 전쟁이나 통치자들의 변덕으로 인한 불안으로 땅속에 보화를 묻어 두었다고 한다. 땅속에 재물을 묻어 두었다고 주변에 말하지 않고 갑자기 세상을 떠나면, 보화는 주인을 잃게 된다. 당시에는 보화가 주인을 잃고 우연히 발견되는 경우가 종종 있었다. 보화를 발견하는 자는 대부분 왕족이나 특별한 자들이 아니라 밭을 일구는 평범한 일꾼이었다. 이처럼 천국을 소유할 수 있는 자 역시 특별한 사람이 아니다. 천국 역시 화려하기보다는, 평범한 인간의 모습으로 오신 예수님을 통해 발견할 수 있다. 이 땅에 오신 예수님은 세상의 귀족이나 영웅으로 나타나신 것이 아니었다. 낮고 천한 모습으로 오셨다.

그는 주 앞에서 자라나기를 연한 순 같고 마른 땅에서 나온 뿌리 같아서 고운 모양도 없고 풍채도 없은즉 우리가 보기에 흠모할 만한 아름다운 것이 없도다
사 53:2

예수님은 이런 말씀을 하셨다.

너희는 마음에 근심하지 말라 하나님을 믿으니 또 나를 믿으라 내 아버지 집
에 거할 곳이 많도다 그렇지 않으면 너희에게 일렀으리라 내가 너희를 위하여
거처를 예비하러 가노니 가서 너희를 위하여 거처를 예비하면 내가 다시 와서
너희를 내게로 영접하여 나 있는 곳에 너희도 있게 하리라 요 14:1-3

　예수님을 통해 아버지의 집인 천국에 갈 수 있다고 하셨다. 천국을 소유할
수 있는 대상은 제한적이지 않다. 하나님은 영원한 안식의 장소인 천국으로
모든 사람을 다 초청하신다. 값지고 귀한 천국에 우리 모두를 초청해 주신다.
하나님의 초청에 응답하는 자는 누구나 천국에 갈 수 있다.

수고하고 무거운 짐 진 자들아 다 내게로 오라 내가 너희를 쉬게 하리라
마 11:28

보화의 가치를 알아 본 일꾼

　생각하지도 못한 엄청난 보화를 발견하면 그 기쁨은 말로 다 할 수 없을
것이다. 그런데 문제는 보화의 소유권이다. 보화의 소유권은 발견한 사람에게

있는 것이 아니라 밭의 주인에게 있다. 당시 랍비 문헌은 일꾼이 밭에서 일하다가 보화를 발견하면, 밭주인의 것으로 규정했다. 그러나 일꾼은 자신에게 찾아온 기회를 놓치고 싶지 않았다. 그는 보화의 가치를 알아보고 밭주인에게 알리지 않았다.

아무리 높은 가치를 가진 것도 소유자가 가치를 알아보지 못하면 아무런 유익이 없다. 보화의 가치를 알아보는 눈을 가져야 한다. 일꾼은 밭을 자신의 소유로 삼지 않으면 보화를 소유할 수 없다는 사실을 알고 밭을 사기로 결정했다.

천국은 마치 밭에 감추인 보화와 같으니 사람이 이를 발견한 후 숨겨 두고 기뻐하며 돌아가서 자기의 소유를 다 팔아 그 밭을 사느니라 마 13:44

이처럼 천국은 이 세상 모든 것을 다 팔아서 소유할 만큼 가치가 있다. 천국의 가치를 알면 세상의 어떤 가치도 시시하게 보인다. 예수님은 천국을 '극히 값진 진주로 비유하셨다.

극히 값진 진주 하나를 발견하매 가서 자기의 소유를 다 팔아 그 진주를 사느니라 마 13:46

진주는 고결한 것을 상징한다. 당시 진주는 최고의 고가품이자 최고의 보석으로, 성경에서는 진리를 비유하는 단어로 자주 사용되었다. 천국의 가치를 깨닫지 못하는 사람들이 너무나 많기 때문에 성경은 이런 자를 '거룩한 것을 받은 개', '진주를 받은 돼지'라고 표현한다.

거룩한 것을 개에게 주지 말며 너희 진주를 돼지 앞에 던지지 말라 그들이 그 것을 발로 밟고 돌이켜 너희를 찢어 상하게 할까 염려하라 마 7:6

개와 돼지는 거룩한 것과 진주를 발로 짓밟고, 되려 건네준 자를 물어뜯을 수도 있다. 예수님께서 천국에 대해 외치셨지만 당시 기득권 세력이었던 바리새인과 서기관들은 오히려 예수님을 죽이려고 했다.

보화를 발견한 사람은 지체하지 않았다

보화를 발견하면 즉시 행동으로 옮겨야 한다.

천국은 마치 밭에 감추인 보화와 같으니 사람이 이를 발견한 후 숨겨 두고 기 뻐하며 돌아가서 자기의 소유를 다 팔아 그 밭을 사느니라 마 13:44

보화를 발견한 사람의 행동은 '돌아가서', '팔아', '사느니라'였다. 일꾼은 지체하지 않고 자신의 소유를 다 팔아 밭을 샀다. 극히 값진 진주를 발견한 사람의 행동은 값진 보화를 발견한 사람과 같았다.

극히 값진 진주 하나를 발견하매 가서 자기의 소유를 다 팔아 그 진주를 사느니라 마 13:46

'가서', '다 팔아', '사느니라'의 세 동사는 모두 현재시제이다. 이는 발견한 즉시 지체하지 않고 즉각 행동으로 옮겼다는 뜻이다. 사람들은 머뭇거리다가 놓치고 만다. 많은 사람이 가치를 발견하고도 지체한다. 그러나 지체하면 빼앗긴다. 만약 밭에 감춰진 보화와 극히 값진 진주를 발견한 사람이 지체했다면 다른 사람이 밭을 사거나 밭주인이 밭을 갈다가 찾아서 자신의 것으로 삼을 수 있었을 것이다. 천국 복음 앞에서 머뭇거리는 것은 가장 어리석은 짓이다.

즉시 전해야 할 천국 복음

전도자는 항상 천국을 알리는 데 힘써야 한다. 천국 복음을 소유하는 것은 시간과의 싸움이다. 예수님은 복음을 전할 때 여유를 가지고 쉬엄쉬엄하라고 하지 않으셨다.

너는 말씀을 전파하라 때를 얻든지 못 얻든지 항상 힘쓰라 범사에 오래 참음
과 가르침으로 경책하며 경계하며 권하라 **딤후 4:2**

전도할 때를 놓치면 그 사람에게 다시는 기쁜 소식을 전할 수 없기 때문이
다. 가족이나 친구들에게 복음 전하는 것을 미루다가 얼마나 많은 사람이 천
국을 알지 못하고 지옥에 갔을까? 사랑하는 가족이 구원의 대열에 함께 하지
못한다는 사실은 통곡할 일이 아닐 수 없다. 지금이라는 시간을 놓치면 그 시
간은 되돌릴 수 없다. 천국 복음을 전할 시간은 바로 지금이다.

주님으로부터 칭찬받았던 자는 모두 지체하지 않은 자들이다. 달란트 비유에
서 칭찬받은 다섯 달란트, 두 달란트 받은 자는 모두 시간을 허비하지 않았다.

다섯 달란트 받은 자는 바로 가서 그것으로 장사하여 또 다섯 달란트를 남기
고 **마 25:16**

아브라함이 믿음의 사람이 된 것은 아들 이삭을 제물로 바치라는 하나님의
명령을 받고 지체하지 않았기 때문이다.

아브라함이 아침에 일찍이 일어나 나귀에 안장을 지우고 두 종과 그의 아들 이
삭을 데리고 번제에 쓸 나무를 쪼개어 가지고 떠나 하나님이 자기에게 일러 주
신 곳으로 가더니 **창 22:3**

하나님의 자녀에게 하나님의 명령은 또 다른 보화라고 할 수 있다. 천국을 소유한 자라면 하나님의 말씀 앞에서 지체하지 말아야 한다. 성도들이 기억해야 할 말씀이 있다. 천국을 소망 삼는 성도들에게 주신 예수님의 말씀이다.

세례 요한의 때부터 지금까지 천국은 침노를 당하나니 침노하는 자는 빼앗느니라 마 11:12

사탄은 천국을 빼앗아간다. 사람의 마음을 이 땅의 소유와 이 땅의 것에 묶어두기 위해 노력한다. 잘못된 사상과 제도, 달콤한 죄악으로 사람의 마음이 천국을 향하지 못하도록 한다. 그러나 예수님은 우리에게 천국을 주시기 위해 첫 메시지도 천국 복음, 마지막 메시지도 천국 복음을 주제로 전하셨다. 예수님이 승천하신 이후로부터 지금까지 천국을 사모한 수많은 자가 각 분야에서 그리스도인으로서 영향력을 행사하고, 성경적인 가치관을 통해 하나님 나라를 확장하는 데 온 힘을 기울였다.

인도는 내줄 수 있어도 이 사람 만큼은 내줄 수 없다고 할 만큼 영국의 자랑이었던 셰익스피어(William Shakespeare)는 희극 37편에서 성경 54권을 인용하며 성경의 내용을 직간접으로 알렸다. 셰익스피어는 "나는 예수 그리스도 내 구주의 유일한 공로로 인해 영원한 삶에 참여할 것을 확실하게 믿으며 나의 창조주이신 하나님께 내 영혼을, 흙으로 지어진 내 육체를 흙에게 맡긴다"라고 했다.

우리나라 신문학 최초 번역 작품인 『천로역정』은 1895년 선교사 제임스 게일(James Scarth Gale)에 의해 번역되었다. 청교도였던 존 밀턴(John Milton)은 『실낙원』과 『복락원』을 통해 천국에 대한 기대감을 가지도록 했다. 우리나라에서도 많은 기독교 작가가 직간접으로 그리스도인으로서의 영향력을 행사했다. 대표적으로 청록파 시인이었던 박목월과 박두진은 신앙의 시를 통해 하나님의 뜻을 드러내기 위해 노력했다.

오늘날 정치, 경제, 문화 그리고 예술계 등에서 하나님의 뜻을 가로막고 대적하는 무신론 사상이 범람하고 있다. 이러한 때에 성도들은 천국의 가치를 깊이 인식하고 각자의 삶의 위치에서 천국 복음을 알리는 자로서의 역할을 잘 감당해야 할 것이다.

이는 물이 바다를 덮음 같이 여호와의 영광을 인정하는 것이 세상에 가득함이
니라 합 2:14

The Kingdom of GOD

" 지혜 있는 자는 궁창의 빛과 같이 빛날 것이요 많은 사람을 옳은 데로 돌아오게 한 자는 별과 같이 영원 토록 빛나리라

다니엘 12:3 "

Chapter 09

천국과
최후 심판

천국과 최후 심판

예수님은 물고기를 잡는 데 사용하는 그물을 천국에 비유하셨다.

또 천국은 마치 바다에 치고 각종 물고기를 모는 그물과 같으니 마 13:47

예수님은 제자의 대다수가 어부 출신이라는 사실을 생각하고 이 비유를 말씀하셨을 것이다. 제자들은 주로 갈릴리 바다에서 고기를 잡았다. 갈릴리 바다는 이스라엘에서 두 번째로 큰 호수이다. 성경에는 게네사렛 호수, 디베랴 바다 등 여러 이름으로 기록되어 있기도 하다. 갈릴리 바다에는 어부들이 항상 있었다.

어부들의 열심

어부는 물고기를 잡기 위해 온 힘을 다한다. 물고기를 많이 잡을 수 있다면 밤이나 새벽이나 시간을 가리지 않고 바다로 나간다. 예수님의 수제자인 베드로도 본래 어부였다. 누가복음 5장을 보면 베드로가 게네사렛 호수에서 물고기를 잡으려 했으나 밤새 한 마리도 잡지 못하고 기진맥진해 있을 때 예수님이 그를 찾아오셨다. 예수님은 베드로에게 "깊은 데로 가서 그물을 내려 고기를 잡으라"라고 하셨다(4절). 이에 베드로는 "선생님 우리들이 밤이 새도록 수고하였으되 잡은 것이 없지마는 말씀에 의지하여 그물을 내리리이다"(5절)라고 말하며 그물을 내렸다. 베드로가 예수님의 말씀에 순종하자 물고기가 그물이 찢어질 만큼 잡혔다. 얼마나 많이 잡혔던지 두 배에 가득 차서 물에 잠길 정도였다(6~7절). 그러자 베드로는 심히 놀라 두려워하며 "주여 나를 떠나소서 나는 죄인이로소이다"(8절)라고 고백했다. 이때 예수님께서 아주 중요한 말씀을 하셨다.

> 예수께서 시몬에게 이르시되 무서워하지 말라 이제 후로는 네가 사람을 취하리라 하시니 눅 5:10b

그 자리에는 야고보와 요한도 있었다. 이후 세 사람은 예수님의 제자가 되어 많은 사람을 주님께로 인도했다.

사람 낚는 어부

그물 비유에서 바다는 세상을 의미한다. 바다에서 어부로 살았던 제자들은 예수님을 만난 이후 '사람 낚는 어부'로서의 역할을 감당했다.

말씀하시되 나를 따라오라 내가 너희를 사람을 낚는 어부가 되게 하리라 하시니 마 4:19

예수님은 우리가 사람 낚는 어부의 역할을 잘 감당하기를 원하신다. 영혼 구원은 예수님이 이 땅에 오신 목적이다.

인자가 온 것은 잃어버린 자를 찾아 구원하려 함이니라 눅 19:10

이 말씀은 영혼 구원에 대한 하나님의 적극적인 모습을 나타낸다. 하나님은 독생자 예수님을 이 땅에 보내셔서 영혼 구원을 위해 온 힘을 다하셨다. 독생자 예수님의 생명을 포기하면서 우리를 구원해 주셨다. 사람이 먼저 하나님을 찾은 것이 아니라 하나님께서 먼저 찾아오셨음을 우리는 기억해야 한다. 도무지 용서받을 수 없는 우리를 적극적으로 찾으시고 구원해 주셨다. 이것이 하나님의 사랑이다.

하나님이 세상을 이처럼 사랑하사 독생자를 주셨으니 이는 그를 믿는 자마다 멸망하지 않고 영생을 얻게 하려 하심이라 요 3:16

예수님을 믿는 자는 특징이 있다. 예수님을 닮기 위해 노력한다. 예수님의 마음을 품고 예수님처럼 행하려고 한다. 좋은 교회의 모델이라고 할 수 있는 데살로니가 교회 성도들을 향해 사도 바울은 이렇게 말했다.

또 너희는 많은 환난 가운데서 성령의 기쁨으로 말씀을 받아 우리와 주를 본 받은 자가 되었으니 그러므로 너희가 마게도냐와 아가야에 있는 모든 믿는 자의 본이 되었느니라 살전 1:6-7

예수님을 닮기 위해 노력하는 성도가 많은 교회가 좋은 교회이다.

너희 안에 이 마음을 품으라 곧 그리스도 예수의 마음이니 빌 2:5

예수님은 이 땅에 오셔서 열심히 천국 복음을 전파하셨다. 친히 전도의 모범을 보여 주신 것이다. 제자들은 예수님의 마음을 품고 모든 민족에게 복음을 전하기 위해 온 힘을 다했다.

이에 열둘을 세우셨으니 이는 자기와 함께 있게 하시고 또 보내사 전도도 하며

막 3:14

주님을 닮기 위해 노력하는 자라면 반드시 영혼 구원에 힘써야 한다. 영혼 구원에 무관심한 자는 예수님의 뜻을 모르는 자이다. 예수님을 믿고 하나님의 자녀가 되었다면 반드시 해야 할 일이 천국 복음을 전하는 일이다.

그물에 가득한 물고기

그물에 가득하매 물가로 끌어내고 앉아서 좋은 것은 그릇에 담고 못된 것은 내 버리느니라 마 13:48

어부의 열심은 헛되지 않다. 교회 역시 마찬가지다. 교회가 이 땅에 존재하는 이유는 사람들을 천국으로 인도하기 위함이다. 어부가 부지런히 그물을 내려 고기를 잡듯이, 성도들은 영혼 구원을 삶의 우선순위로 정하고 부지런히 천국 복음을 전하고 교회로 인도해야 한다. 사람들을 교회로 인도하는 것이 하나님의 기쁨이다. 세상에서 인정받는 지식인이 많고, 부자가 많고, 유능한 사람이 많다고 좋은 교회가 아니다. '사람 낚는 어부'가 많은 교회가 하나님께서 기뻐하는 교회라는 사실을 기억해야 한다.

이방인에게 복음을 전한 바울 사도는 자신이 전한 복음으로 세워진 교회와 성도들에 특별한 애착과 사랑을 가지고 있었다. 특히 마게도냐 지역의 중심 도시였던 빌립보 교회 성도들을 대견해하고 그들로 인해 기뻐했다.

간구할 때마다 너희 무리를 위하여 기쁨으로 항상 간구함은 너희가 첫날부터 이제까지 복음을 위한 일에 참여하고 있기 때문이라 **빌 1:4-5**

최고의 상

전도자에게는 상이 있다. 그 상은 이 세상의 썩을 상이 아니라 썩지 않는 영원한 상이다. 바울 사도는 자기 자랑을 하지 않는 사람이었지만, 이 상에 대해서는 자랑했다.

이제 후로는 나를 위하여 의의 면류관이 예비되었으므로 주 곧 의로우신 재판장이 그 날에 내게 주실 것이며 내게만 아니라 주의 나타나심을 사모하는 모든 자에게도니라 **딤후 4:8**

지혜 있는 자는 궁창의 빛과 같이 빛날 것이요 많은 사람을 옳은 데로 돌아오게 한 자는 별과 같이 영원토록 빛나리라 **단 12:3**

천국 복음을 위해 살아가면 하늘나라에서 영원한 스타가 된다. 주님은 우리에게 가장 값진 일을 맡기셨다. 천사에게도 맡기지 않은 복음 전파의 사명을 우리에게 주셨다.

천국을 기대하라

천국은 예수님의 생명을 통해 주어졌다. 예수님께서 죄인인 우리 대신 십자가에서 죽으시고 부활하심으로 주어졌다. 요한계시록 21장 1-4절은 천국이 어떤 곳인지 자세히 설명한다.

> 또 내가 새 하늘과 새 땅을 보니 처음 하늘과 처음 땅이 없어졌고 바다도 다시 있지 않더라 또 내가 보매 거룩한 성 새 예루살렘이 하나님께로부터 하늘에서 내려오니 그 준비한 것이 신부가 남편을 위하여 단장한 것 같더라 내가 들으니 보좌에서 큰 음성이 나서 이르되 보라 하나님의 장막이 사람들과 함께 있으매 하나님이 그들과 함께 계시리니 그들은 하나님의 백성이 되고 하나님은 친히 그들과 함께 계셔서 모든 눈물을 그 눈에서 닦아 주시니 다시는 사망이 없고 애통하는 것이나 곡하는 것이나 아픈 것이 다시 있지 아니하리니 처음 것들이 다 지나갔음이러라 계 21:1-4

천국을 새 하늘과 새 땅, 그리고 새 예루살렘이라는 단어로 표현하고 있다. 천국이 얼마나 대단한 곳인지 짐작해 볼 수 있는 멋진 표현이다. 하늘나라는 하나님이 직접 만드신 영원한 복의 공간이다. 천국은 이 세상에서 경험할 수 없는 완벽한 처소로 가장 아름다운 처소이다.

또 내가 보매 거룩한 성 새 예루살렘이 하나님께로부터 하늘에서 내려오니 그 준비한 것이 신부가 남편을 위하여 단장한 것 같더라 계 21:2

얼마나 아름다운지 이 땅에서 표현할 수 있는 최고의 표현으로 알려 주셨다. 신부가 남편을 위해 단장한 모습은 최고의 아름다움이다. 또한 하나님께서 천국으로 입성하는 성도들을 보고 얼마나 기뻐하시고 환영하시는지 알 수 있다.

왕의 딸은 궁중에서 모든 영화를 누리니 그의 옷은 금으로 수놓았도다 수놓은 옷을 입은 그는 왕께로 인도함을 받으며 시종하는 친구 처녀들도 왕께로 이끌려 갈 것이라 시 45:13-14

하나님이 친히 함께 계시는 곳

천국은 더 이상 이 세상의 악한 왕들로부터 당하는 불공평과 아픔이 없다. 천국은 하나님께서 왕으로 지배하신다. 사랑의 하나님께서 왕으로 계신다. 그리고 친히 함께 계신다.

내가 들으니 보좌에서 큰 음성이 나서 이르되 보라 하나님의 장막이 사람들과 함께 있으매 하나님이 그들과 함께 계시리니 그들은 하나님의 백성이 되고 하나님은 친히 그들과 함께 계셔서 계 21:3

하나님께서 우리와 연합하시고 영원히 함께하시는 곳이 천국이다. 천국은 하나님의 사랑과 위로가 있다. 이 세상에 살면서 눈물 흘리지 않는 사람은 없을 것이다. 눈물은 고통과 슬픔, 불행의 상징이다. 이 땅에 살면서 사람들은 슬픔의 눈물, 아픔의 눈물, 분노의 눈물, 억울함의 눈물, 서운함의 눈물 등 많은 눈물을 흘린다. 그러나 천국에 가면 하나님께서 모든 눈물을 닦아 주실 것이다.

모든 눈물을 그 눈에서 닦아 주시니 다시는 사망이 없고 애통하는 것이나 곡하는 것이나 아픈 것이 다시 있지 아니하리니 처음 것들이 다 지나갔음이러라

계 21:4

또한 천국은 죄의 결과인 죽음이 없다. 죄 문제를 해결한 성도들의 처소이 기에 더 이상 죽음은 없는 것이다. 천국은 영원한 생명과 선함, 아름다움이 있고, 기쁨과 감사가 넘치는 곳이다. 사도 바울은 자신이 항상 하늘의 시민임을 잊지 않고 살았다.

그러나 우리의 시민권은 하늘에 있는지라 거기로부터 구원하는 자 곧 주 예수 그리스도를 기다리노니 빌 3:20

우리 역시 돌아갈 영원한 본향인 천국을 사모하고 살아야 한다. 천국을 사모하며 항상 기뻐하고 범사에 감사하며 살아가자.

최후의 심판

그물에 잡힌 물고기 중에는 좋은 것도 있지만, 나쁜 것도 있다. 나쁜 것은 헬라어 '사프로스'로 '무가치한 것'을 의미한다. 예수님은 세상 끝에 의인 중에 악인을 갈라낼 것이라고 말씀하셨다.

세상 끝에도 이러하리라 천사들이 와서 의인 중에서 악인을 갈라내어 풀무 불에 던져 넣으리니 거기서 울며 이를 갈리라 마 13:49-50

예수님이 누구인지 모른 채 교회에 다니는 사람이 꽤 많다. 자신의 목적을 이루기 위해 혹은 단지 지식을 얻기 위한 목적으로 다닐 수도 있다. 그저 세상에서 복을 받기 위해 다닐 수도 있다. 부모님이나 배우자 때문에 다니거나 단지 마음의 평안을 위해서, 자신을 수양하기 위해서 교회에 나오는 사람도 있다. 그러나 사람의 눈은 속여도 하나님의 눈은 속일 수 없다. 예수님은 이런 자를 '나쁜 것'이라고 표현하셨다. 오랫동안 교회를 다니고 교회에서 직분자로 신앙생활을 해도 악인으로 판정받을 수 있다. 사람은 오직 믿음으로 의롭게 된다.

> 복음에는 하나님의 의가 나타나서 믿음으로 믿음에 이르게 하나니 기록된 바 오직 의인은 믿음으로 말미암아 살리라 함과 같으니라 **롬 1:17**

평생 교회에 다니고도 구원받지 못하는 안타까움은 그 어떤 안타까움과도 비교할 수 없다. 우리는 자신의 믿음을 확인해야 한다. 예수님을 하나님의 아들로, 나의 죄 때문에 이 땅에 오신 구세주로 믿고 있는가? 예수님을 나의 주인으로 모시고 살아가고 있는가?

'의인 중에서 악인을 갈라낸다'는 말씀에서 '갈라낸다'는 것은 헬라어 '아포리우신'으로 '끌어낸다'는 뜻이다. 영원한 격리를 당하는 것이다. 심판 때에 의인과 악인을 엄정하게 분리시킨다. 악인으로 판정된 자에게는 꿈에도 생각지 못한 영원한 고통이 기다린다.

풀무 불에 던져 넣으리니 거기서 울며 이를 갈리라 마 13:50

성경에서 말하는 풀무 불은 영원한 형벌의 장소, 지옥이다. 다른 본문에서는 불못이라고 표현한다.

누구든지 생명책에 기록되지 못한 자는 불못에 던져지더라 계 20:15

지옥은 울며 이를 가는 곳이다. 세상에서 하나님을 무시했던 거만한 사람들의 처참한 모습을 상상해 보라. 예수님의 간절한 메시지를 가볍게 여긴 결과이다.

이 때부터 예수께서 비로소 전파하여 이르시되 회개하라 천국이 가까이 왔느니라 하시더라 마 4:17

우리는 예수님의 말씀을 가볍게 여기지 말고 천국 시민임을 기억하며, 이 땅에서 천국을 사모하며 살아야 할 것이다.

"내가 주는 물을 마시는 자는 영원히 목마르지 아니
하리니 내가 주는 물은 그 속에서 영생하도록 솟
아나는 샘물이 되리라

요한복음 4:14 "

천국을
약속하신 하나님

천국을 약속하신 하나님

하나님께서 어떤 마음으로 우리와 약속하셨는지 생각해 본 적이 있는가? 지켜도 되고, 안 지켜도 되는 것처럼 가볍게 약속하셨을까? 아니다. 하나님은 약속을 반드시 지키신다. 이사야 44장에서 하나님께서 우리를 절대적으로 보호하실 것이라고 약속하셨다.

나의 종 야곱, 내가 택한 이스라엘아 이제 들으라 너를 만들고 너를 모태에서부터 지어낸 너를 도와 줄 여호와가 이같이 말하노라 나의 종 야곱, 내가 택한 여수룬아 두려워하지 말라 나는 목마른 자에게 물을 주며 마른 땅에 시내가흐르게 하며 나의 영을 네 자손에게, 나의 복을 네 후손에게 부어 주리니 그들이 풀 가운데에서 솟아나기를 시냇가의 버들 같이 할 것이라 사 44:1-4

하나님께서는 이스라엘 백성을 축복하고 위로할 때 '나의 종 야곱', '내가 택한 이스라엘'이라고 부르셨다. 하나님이 어떤 분이신지 알고 영원한 천국에 소망이 있다면 어려운 상황도 이겨낼 수 있고, 한결같은 믿음으로 살아갈 수 있다. 하나님은 어떤 약속을 하셨을까?

하나님은 이스라엘을 향해 '들으라'고 말씀하신다. '들으라'는 히브리어로 '쉐마'인데, 이는 명심해야 할 말씀을 전할 때 사용한다. 매우 중요한 말씀이라는 것을 강조한 것이다. 예수님을 믿고 하나님의 자녀가 되었다면 이 말씀을 진지하게 들어야 한다.

선택된 자들

나의 종 야곱, 내가 택한 이스라엘아 이제 들으라 사 44:1

우리가 하나님의 사랑의 대상이 된 것은 우리가 의롭거나 장점이 많기 때문이 아니다. 사랑의 하나님께서 우리를 일방적으로 선택해 주신 것이다. 우리는 사랑받을 조건이 하나도 없는 죄인이다. 그러나 이스라엘 백성을 이유 없이 선택하셨듯이 우리 역시 십자가의 사랑 때문에 하나님의 자녀가 되었다. 그렇기에 우리가 자랑할 것이 하나도 없다.

곧 창세 전에 그리스도 안에서 우리를 택하사 우리로 사랑 안에서 그 앞에 거
룩하고 흠이 없게 하시려고 그 기쁘신 뜻대로 우리를 예정하사 예수 그리스도
로 말미암아 자기의 아들들이 되게 하셨으니 엡 1:4-5

하나님은 세상을 창조하시기 전에, 예수님의 사랑을 통해 우리를 거룩한 백
성으로 선택하시고 우리를 자녀 삼기로 작정하셨다. 하나님께서 우리 한 사
람, 한 사람을 구원하시기 위해 사랑의 계획을 세우신 것이다. 우리는 하나님
의 사랑의 계획에 따라 하나님의 자녀가 되고 천국을 보장받았다.

생명을 주신 하나님

너를 만들고 너를 모태에서부터 지어낸 너를 도와 줄 여호와가 이같이 말하노
라 나의 종 야곱, 내가 택한 여수룬아 두려워하지 말라 사 44:2

여수룬은 '정직한 자', '공의로운 자'라는 뜻으로, 하나님께서 이스라엘을 부
를 때 사용하신 애칭이다. 하나님은 어머니 배속에서부터 우리에게 생명을 주
셨다. 생명은 신비롭고 오묘한 것이다. 생명은 누구나 함부로 할 수 없는 최고
의 가치이다. 유대인들은 생명을 살리는 것을 어떤 것보다 우선시하였다. 제사
장들이 위급한 생명을 구하려다가 성전 불을 꺼뜨린다고 해도 문책을 당하지

않았다. 랍비 아키바(Rabbi Akiva)는 "누구든지 한 명 생명을 살리는 사람은 온 세계를 살리는 사람과 같다"라고 했다.

사람은 생명을 유지하기 위해 노력한다. 건강하게 오래 살기 위해 꾸준히 음식을 조절하고 운동을 한다. 그러나 나이가 들면 운동도 할 수 없고, 거동마저 힘들어지는 날이 다가오며 어느 날 죽음 앞에 항복하고 만다.

영원한 생명을 주시는 하나님

예수님은 사람이 상상할 수 없는 놀라운 말씀을 하셨다. 생명뿐 아니라 영원한 생명에 대해서 말씀하신 것이다.

> 내가 주는 물을 마시는 자는 영원히 목마르지 아니하리니 내가 주는 물은 그 속에서 영생하도록 솟아나는 샘물이 되리라 요 4:14

예수님께서 주시는 물은 '영생하도록 솟아나는 샘물'이다. 사람은 생명이 최고의 가치라고 생각하며 살지만 결국은 죽는다. 그러나 하나님께서는 영원히 살게 해 주겠다고 약속하셨다. 죽음의 문제를 깨끗이 해결하고 영원한 생명을 주겠다고 선포하신 것이다.

그가 우리에게 약속하신 것은 이것이니 곧 영원한 생명이니라 요일 2:25

죽음을 넘어 영원한 생명을 원하는 자에게 주시는 말씀이 있다.

내 아버지의 뜻은 아들을 보고 믿는 자마다 영생을 얻는 이것이니 마지막 날
에 내가 이를 다시 살리리라 하시니라 요 6:40

진실로 진실로 너희에게 이르노니 믿는 자는 영생을 가졌나니 요 6:47

사람은 이 땅의 물질, 명예, 권력을 가지려 애쓰며 살지만, 예수님은 이 세
상 어떤 것과 비교할 수 없는 가장 귀한 것을 주신다. 이 땅의 것을 자랑하며
살았던 바울은 이렇게 고백했다.

또한 모든 것을 해로 여김은 내 주 그리스도 예수를 아는 지식이 가장 고상하
기 때문이라 내가 그를 위하여 모든 것을 잃어버리고 배설물로 여김은 그리스
도를 얻고 빌 3:8

바울은 자신이 자랑할 것은 자신에게 영원한 생명을 준 예수님 십자가뿐이
라고 고백했다.

그러나 내게는 우리 주 예수 그리스도의 십자가 외에 결코 자랑할 것이 없으니 그리스도로 말미암아 세상이 나를 대하여 십자가에 못 박히고 내가 또한 세상을 대하여 그러하니라 갈 6:14

예수님보다 귀한 분은 없다. 예수님을 믿고 천국 영생을 소유한 자는 가장 복 있는 자이다.

도우시는 하나님

살다 보면 사람의 힘으로 해결할 수 없어 두려운 일이 참으로 많다. 하나님께서는 그럴 때 우리를 도와주겠다고 약속하셨다.

너를 만들고 너를 모태에서부터 지어낸 너를 도와 줄 여호와가 이같이 말하노라 나의 종 야곱, 내가 택한 여수룬아 두려워하지 말라 사 44:2

이 세상을 창조하신 하나님이 도와주신다니 얼마나 놀랍고 기쁜 일인가! 창조주 하나님의 능력을 경험한 자들은 하나님의 도우심을 자랑했다. 하나님께서 이스라엘을 앗수르 왕 산헤립으로부터 구원해 주셨다. 산헤립은 예루살렘을 제외한 유다의 46개 성읍을 점령하고, 주민들을 잡아갔던 자이다. 산헤립은 예루살렘을 공격하며 항복을 권했다. 이런 위기 가운데 히스기야와 이사야 선지자의 기도를 들으신 하나님께서 전쟁에 개입하셔서 앗수르 군사 18만 5천 명을 죽이셨다. 본국으로 돌아가던 산헤립은 그가 섬기던 신(니스록)에게 경배하다가 두 아들에게 살해되었다. 이 놀라운 사건을 시편 46편 1절에서 이렇게 표현하고 있다.

하나님은 우리의 피난처시요 힘이시니 환난 중에 만날 큰 도움이시라 시 46:1

하나님께서 보호자이시며 도움이시니 두려워하지 말라고 말씀하시는 것이다. 하나님은 완전한 피난처이시다.

목마른 자에게 물을 주시는 하나님

삶은 목마름의 연속이다. 이 땅에서 목마름을 해결할 수 있는 방법은 일시적이다. 아픔의 문제를 해결하면 또 다른 아픔이 온다. 문제 때문에 눈물을 흘리고, 문제가 해결되었다 싶었을 때 또다시 문제가 일어난다. 인생의 목마름은 끝이 없다.

누구도 인생의 목마름을 완벽하게 해결해 줄 수 없다. 어떤 음료도 목마름을 영원히 해결할 수 없는 것과 같다. 음료수는 갈증 해소에 잠깐 도움을 주지만, 시간이 지나면 다시 갈증을 느끼게 한다. 돈이나 명예, 쾌락 등 그 어떤 것도 영원히 만족함을 주지 못한다. 그러나 예수님은 우리에게 영원한 만족을 주시는 분이다. 하나님께서 주시는 것으로만 갈증을 해결할 수 있다. 하나님만이 인생 문제의 해결자이시다.

내가 주는 물을 마시는 자는 영원히 목마르지 아니하리니 내가 주는 물은 그 속에서 영생하도록 솟아나는 샘물이 되리라 요 4:14

예수님은 목마름을 호소하는 자들에게 목마름을 해결할 수 있는 샘물을 주신다. 마른 땅에서는 그 어떤 수확도 기대할 수 없다. 그러나 하나님께서 마른 땅에 물이 흐르게 하신다. 아무것도 자라지 않는 사막에도 물이 흐르면 비옥한 농토가 된다.

나는 목마른 자에게 물을 주며 마른 땅에 시내가 흐르게 하며 나의 영을 네 자손에게, 나의 복을 네 후손에게 부어 주리니 사 44:3

하나님께서 움직이시면 어떤 일이 일어나는지 성경은 말씀하고 있다.

겁내는 자들에게 이르기를 굳세어라, 두려워하지 말라, 보라 너희 하나님이 오사 보복하시며 갚아 주실 것이라 하나님이 오사 너희를 구하시리라 하라 그 때에 맹인의 눈이 밝을 것이며 못 듣는 사람의 귀가 열릴 것이며 그 때에 저는 자는 사슴 같이 뛸 것이며 말 못하는 자의 혀는 노래하리니 이는 광야에서 물이 솟겠고 사막에서 시내가 흐를 것임이라 사 35:4-6

예수님을 만나자 맹인이 눈을 뜨게 되고, 못 듣는 자의 귀가 열리고, 저는 자가 사슴같이 뛰게 되었다. 하나님께서 주시는 은혜를 받은 사람은 삭막한 이 세상을 비옥하게 만든다. 하나님의 은혜를 받은 곳이면 아무리 광야 같은 황폐한 곳도 비옥하게 되듯이 내가 받은 은혜를 나누어 줌으로 다른 사람을 비옥하게 하는 사람이 되어야 할 것이다.

성령을 주시는 하나님

하나님은 구원받은 성도에게 성령을 주신다.

나는 목마른 자에게 물을 주며 마른 땅에 시내가 흐르게 하며 나의 영을 네 자손에게, 나의 복을 네 후손에게 부어 주리니 사 44:3

성령에 대해 예수님께서 하신 말씀을 살펴보자.

내가 아버지께 구하겠으니 그가 또 다른 보혜사를 너희에게 주사 영원토록 너

희와 함께 있게 하리니 요 14:16

보혜사 곧 아버지께서 내 이름으로 보내실 성령 그가 너희에게 모든 것을 가르

치고 내가 너희에게 말한 모든 것을 생각나게 하리라 요 14:26

보혜사 성령께서 하나님의 백성이 된 성도들과 영원토록 함께 한다고 말씀

하고 있다. 보혜사란 성령의 사역을 의미하며 위로자, 조력자, 변호자, 상담자

등의 뜻을 내포한다. 성령께서는 아주 세밀하게 성도들을 도우신다. 성도 안

에 거하시고, 성도를 진리 가운데로 이끌어 주시고, 장래 일을 알게 하기도

하신다. 예수님을 믿는 사람은 혼자 사는 자가 아니다. 성령께서 함께 하심을

기억하고, 지혜를 구하며 살아야 한다.

하나님 앞에서 우리가 가져야 할 자세

여호와여 내 마음이 교만하지 아니하고 내 눈이 오만하지 아니하오며 내가 큰

일과 감당하지 못할 놀라운 일을 하려고 힘쓰지 아니하나이다 실로 내가 내

영혼으로 고요하고 평온하게 하기를 젖 뗀 아이가 그의 어머니 품에 있음 같게

하였나니 내 영혼이 젖 뗀 아이와 같도다 이스라엘아 지금부터 영원까지 여호

와를 바랄지어다 시 131:1-3

시편 131편 1-3절은 다윗이 성전에 올라가며 부른 노래로, 하나님을 향한
우리의 자세에 대해 설명하고 있다. 우리는 하나님 앞에서 늘 겸손해야 한다.
다윗처럼 자신에게 자랑할 것이 없음을 고백하고 하나님께 모든 것을 맡길 때
하나님은 풍성하게 해 주신다.

교만은 마음에서부터 시작된다. 죄성을 가진 인간은 누구나 교만한 습성을
가진다. 교만한 마음을 품으면 겉으로 드러난다. 다윗은 교만이 눈을 통해 드
러난다고 했다. 내가 더 낫다고 생각하면 사람을 아래로 내려다보기 때문이
다. 이를 '깔본다'라고 말한다. 교만한 눈은 하나님이 미워하신다.

여호와께서 미워하시는 것 곧 그의 마음에 싫어하시는 것이 예닐곱 가지이니

곧 교만한 눈과 거짓된 혀와 무죄한 자의 피를 흘리는 손과 잠 6:16-17

마음이 교만한 것과 눈이 높은 것은 다 죄라고 말씀하신다.

자기의 이웃을 은근히 헐뜯는 자를 내가 멸할 것이요 눈이 높고 마음이 교만

한 자를 내가 용납하지 아니하리로다 시 101:5

겸손한 자는 젖 뗀 아이와 같다. 아이에게 가장 귀한 것은 엄마의 품이다.

엄마가 함께 있다는 것 자체만으로도 행복하다. 우리 역시 하나님 한 분만으로 만족해야 한다. 하나님의 품만이 우리에게 영적인 고요함과 평안함을 준다. 모든 만족은 하나님으로부터 나온다. 사람은 하나님으로만 영원한 만족을 누릴 수 있다. 하나님께서 주신 약속을 신뢰하고 하나님만 소망으로 삼고 살아야 한다. 어떤 상황에서도 우리를 영원히 사랑해 주시고 보호해 주시는 하나님, 우리를 천국으로 인도하시는 하나님이심을 확신하고 성령의 인도하심 받는 겸손한 자로 살아야 할 것이다.

"그의 십자가의 피로 화평을 이루사 만물 곧 땅에
있는 것들이나 하늘에 있는 것들이 그로 말미암아
자기와 화목하게 되기를 기뻐하심이라

골로새서 1:20 "

Chapter 11

천국과 십자가

천국과 십자가

예수님은 이 땅에서 사역하실 때 항상 정치 지도자들과 종교 지도자들의
공격을 받았다. 그들의 목적은 예수님을 죽이는 것이었다.

빌라도가 대답하여 이르되 너희는 내가 유대인의 왕을 너희에게 놓아 주기를
원하느냐 하니 이는 그가 대제사장들이 시기로 예수를 넘겨 준 줄 앎이러라 그
러나 대제사장들이 무리를 충동하여 도리어 바라바를 놓아 달라 하게 하니 빌
라도가 또 대답하여 이르되 그러면 너희가 유대인의 왕이라 하는 이를 내가 어
떻게 하랴 그들이 다시 소리 지르되 그를 십자가에 못 박게 하소서 막 15:9-13

예수님을 죽도록 미워한 서기관과 제사장들은 예수님의 죄를 증명하기 위

해 머리를 맞대고 연구했다. 그들은 예수님을 그냥 죽이는 것으로 만족할 수 없었다. 가장 잔인하게 죽이고 싶었다. 가장 선하고 품위 있는 모습을 보여야 할 대제사장과 서기관들에게서 선한 구석을 찾아볼 수 없었다. 그들은 가룟 유다를 이용하여 예수님을 넘겨받아 예수님을 죄인으로 몰아붙였다. 인민재판에 선동당한 백성은 예수님을 십자가에 못 박으라고 소리를 질렀다. 로마 총독 빌라도는 그들의 간악하고 얄팍한 술수를 알고, 무죄인 예수님을 특사로 석방하려고 노력했다. 그러나 대제사장들은 무리를 선동해서 예수님을 십자가에 못 박으라고 소리를 쳤다.

폭동과 같은 분위기에 빌라도는 영원히 씻을 수 없는 잘못된 판결을 하고 말았다. 죄 없는 예수님에게 최고의 극형인 십자가형을 선고했다. 군중의 폭동이 두려워 비겁한 판결을 하고 만 것이다.

대제사장들과 아랫사람들이 예수를 보고 소리 질러 이르되 십자가에 못 박으소서 십자가에 못 박으소서 하는지라 빌라도가 이르되 너희가 친히 데려다가 십자가에 못 박으라 나는 그에게서 죄를 찾지 못하였노라 요 19:6

죄인을 대신하여 죄 값을 받으신 예수님

예수님께서는 죄가 없으시기에 우리의 죗값을 담당할 수 있는 자격이 있으셨다. 성경에는 예수님께서 죄가 없음을 증명한 사람들이 나온다.

그가 우리 죄를 없애려고 나타나신 것을 너희가 아나니 그에게는 죄가 없느니
라 요일 3:5

1) 예수님을 판 가룟 유다

가룟 유다는 예수님을 팔아넘긴 후 양심의 가책으로 울부짖으며 스스로
목숨을 끊고 말았다.

그 때에 예수를 판 유다가 그의 정죄됨을 보고 스스로 뉘우쳐 그 은 삼십을 대
제사장들과 장로들에게 도로 갖다 주며 이르되 내가 무죄한 피를 팔고 죄를
범하였도다 하니 그들이 이르되 그것이 우리에게 무슨 상관이냐 네가 당하라
하거늘 마 27:3-4

2) 십자가 위의 강도

예수님 곁에서 십자가에 못 박혀 죽어가던 강도도 예수님의 무죄를 증언했다.

우리는 우리가 행한 일에 상당한 보응을 받는 것이니 이에 당연하거니와 이 사람이 행한 것은 옳지 않은 것이 없느니라 하고 눅 23:41

3) 예수님의 사형을 지휘한 백부장

예수님의 십자가 죽음과 함께 일어난 일을 보면서 백부장은 예수님이 하나님의 아들임을 고백했다.

백부장과 및 함께 예수를 지키던 자들이 지진과 그 일어난 일들을 보고 심히 두려워하여 이르되 이는 진실로 하나님의 아들이었도다 하더라 마 27:54

가장 처참한 십자가의 고통

미국 LA에는 스페인 가톨릭교회가 성도들을 고문하는 데 사용했던 기계들을 진열한 곳이 있다. 그곳에 가보면 사람이 얼마나 잔인한가를 알 수 있다. 사람을 거꾸로 매달아 톱으로 고문하는 기계, 사람을 절단하는 기계, 사람이 뼈만 남도록 가둬놓는 기계 등이 있다고 한다.

그러나 사람을 끔찍하게 죽이는 이 기계들보다 더 큰 고통을 주는 것이 십자가이다. 십자가형은 숨을 거둘 때까지 고통을 맛보는 가장 잔인한 형벌이다. 로마 군인은 먼저 처형할 사람의 옷을 허리까지 벗기고 채찍을 휘두른다. 채찍 끝에는 갈라진 뼛조각이나 거친 쇠붙이가 붙어 있어서 등의 살점이 갈기갈기 찢겨 나간다. 그리고 자신이 달릴 십자가를 지고 처형 장소로 걸어가게 한다. 처형 장소에 도착하면 옷을 벗겨 공개적인 망신을 준다. 그리고 큰 대못을 손목에 대고 내리친다.

마틴 로이드 존스(Martyn Lloyd-Jones)가 쓴 『십자가는 하나님의 입증』은 십자가의 고통을 생생하게 표현했다. "로마 군인은 손목의 약간 오목한 곳에 묵직하고 네모난 못을 예수님의 손목에 대고 치기 시작했다. 그 못은 예수님의 손목을 뚫고 나무에 박혔다. 이제 십자가를 세우고 왼쪽 발을 오른쪽에 포개고 무릎이 적당하게 움직일 수 있는 상황에서 발목에 못을 박았다. 몸이 쳐지자 손목에 무서운 아픔이 손가락과 팔을 따라 뇌로 전해졌다. 손목에 박혀 있는 못은 중추에 압박을 가하기 시작했다. 손목의 고통을 피하기 위해 몸을 위로 올리자 몸무게 전체의 힘이 못 박힌 다리에 실렸다. 이때 팔을 통해 경련이 근육 전체로 퍼지고 이것은 참을 수 없는 큰 고통이 된다. 팔에 몸무게가 실리자 가슴 근육이 마비되고 늑간 근육도 제 역할을 못 하게 된다. 공기를 폐 속으로 흡입할 수는 있어도 내쉴 수는 없었다. 짧은 호흡이라도 하기 위해 예수님은 몸을 위로 올리고자 안간힘을 쓰셨다. 피가 이산화탄소로 채워져서 발작적으로 힘들게 산소를 들이마시다가 오후 3시에 예수님은 숨을 거두셨다. 십자가 처형 이후 로마 군인들은 두 다리를 부러뜨린 후 예수님의 죽음을 확인했다. 예수님은 일찍 숨을 거두셨기에 로마 군인들은 옆구리를 창으로 찌르기만 했다. 십자가 위에서의 의미 있는 한마디, 예수님은 십자가 위에서 '내가 목마르다'라고 말씀하셨다."

몇 시간을 십자가 위에서 고통을 당하신 예수님께서 신음하며 말씀하셨다. "내가 목마르다." 십자가의 고통을 이 한마디로 표현하신 것이다.

그 후에 예수께서 모든 일이 이미 이루어진 줄 아시고 성경을 응하게 하려 하사 이르시되 내가 목마르다 하시니 요 19:28

얼마나 고통스러우셨을까? 손목과 다리에 박힌 못에서부터 온몸으로 퍼져가는 고통 속에서 예수님은 비명 대신 "내가 목마르다"라고 하셨다. 목마름은 참기 힘든 고통이다. 이스라엘 백성은 광야에서 목마름을 참지 못해 하나님과 모세를 원망했다. 목마름은 하나님께서 그들을 애굽에서 건져내신 사랑의 기적을 까맣게 잊어버리게 할 만큼 큰 고통이었다. 목마름이 시작되면 목이 타들어가고 혀가 입천장에 들러붙는다. 사막에서의 목마름은 바로 죽음의 고통이다. 하물며 내리쬐는 햇볕 아래서 목마름도 마찬가지다. 목마름은 지옥에 간 자의 고통을 상징한다. 지옥에 간 부자도 목마름으로 아브라함에게 간절히 부탁했다.

불러 이르되 아버지 아브라함이여 나를 긍휼히 여기사 나사로를 보내어 그 손

가락 끝에 물을 찍어 내 혀를 서늘하게 하소서 내가 이 불꽃 가운데서 괴로워

하나이다 눅 16:24

물을 찍어 혀를 서늘하게 해 달라는 이 요구는 목마름의 고통이 지옥에서

당하는 고통임을 알려 주신 것이다. 예수님은 마지막 순간까지 지옥의 고통을

맛보시며 우리가 가야 할 지옥의 문을 막고 절규하셨다. 죄인인 우리가 지옥

에서 소리쳐야 할 고통의 외침을 "내가 목마르다"라는 말로 대신하셨다. 우리

는 이 사실을 항상 기억해야 한다.

다 이루었다

예수께서 신 포도주를 받으신 후에 이르시되 다 이루었다 하시고 머리를 숙이

니 영혼이 떠나가시니라 요 19:30

"다 이루었다"는 헬라어 본문에 '테텔레스타이'라고 기록되어 있다. 예수님

은 십자가의 고통을 통해 하나님의 뜻을 이루셨다. 우리 인생의 죄 문제를 다

해결하셨다. 십자가의 고통으로 전 인류가 구원받을 수 있는 길을 열었다는

감격으로 외치신 것이다. "다 이루었다"는 메시지 속에는 세 가지 의미가 담겨

있다.

첫째, 예수님으로 인해 죄인이 하나님의 나라에 들어갈 수 있는 길이 활짝 열렸다. 타락한 인생을 구원하시고자 하신 하나님의 계획이 완성된 것이다.

둘째, 하나님과 화목한 관계가 되었다. 죄인이 접근할 수 없었던 지성소가 갈라지고, 예수님의 피를 힘입어 성소에 들어갈 수 있게 되었다. 이는 하나님과의 관계가 회복됨을 알려 주신 것이다.

그러므로 형제들아 우리가 예수의 피를 힘입어 성소에 들어갈 담력을 얻었나니 히 10:19

그의 십자가의 피로 화평을 이루사 만물 곧 땅에 있는 것들이나 하늘에 있는 것들이 그로 말미암아 자기와 화목하게 되기를 기뻐하심이라 골 1:20

셋째, 하나님께서 사랑이심을 알리셨다. 하나님의 사랑은 무조건적이고 말로서 표현할 수 없는 무한한 사랑임을 알리셨다.

우리가 아직 죄인 되었을 때에 그리스도께서 우리를 위하여 죽으심으로 하나님께서 우리에 대한 자기의 사랑을 확증하셨느니라 롬 5:8

예수님은 죄인을 향한 무한한 사랑으로 엄청난 고통을 참으셨다. 사랑의 힘으로 참아내신 것이다. "다 이루었다"는 말은 승리의 외침이었다. 죄로 인해 영원히 피할 수 없었던 죽음의 권세를 이기신 승리의 외침이었다. 우리는 예수님의 이 승리의 외침을 기억해야 한다.

사망아 너의 승리가 어디 있느냐 사망아 네가 쏘는 것이 어디 있느냐

고전 15:55

죄의 권세인 죽음을 굴복시킨 승리의 선포이다. 예수님께서 십자가로 다 이루셨기에 예수님을 믿으면 누구도 정죄 받지 않는다. 우리를 향해 정죄하던 사탄의 입을 완벽하게 봉하신 것이다. "다 이루었다"는 우리에게 소망의 선포요, 위로의 말씀이다.

그러므로 이제 그리스도 예수 안에 있는 자에게는 결코 정죄함이 없나니 롬 8:1

복된 자

예수님의 십자가는 제자들의 자랑이었다. 사도 바울도 십자가를 자랑하고 다녔다. 사도 바울이 십자가를 자랑한 것은 십자가가 천국으로 이끈 하나님의 지극하신 사랑이었기 때문이다.

그러나 내게는 우리 주 예수 그리스도의 십자가 외에 결코 자랑할 것이 없으니 그리스도로 말미암아 세상이 나를 대하여 십자가에 못 박히고 내가 또한 세상을 대하여 그러하니라 갈 6:14

유명한 교부였던 터툴리안은 이런 글을 썼다.

"우리는 여행을 떠나 다른 곳에 있든지 집에 있든지 외출을 하든지… 무엇을 하든지 간에 이마에 십자가를 그었다. 소리 높여 십자가를 자랑할 수 없는 숨 막히는 환경이었기에 그들은 손으로 이마에 십자가를 그으며 십자가를 자랑했다. 십자가 앞에서 많은 눈물을 흘렸다. 신실한 성도들은 주님께서 원하실 때는 십자가 앞에서 자기 목숨도 아낌없이 내어 주었다. 그래서 불속에도 뛰어 들었고, 짐승 앞에도 달려갔고, 가족들을 빼앗기는 고통을 감수하면서도 십자가를 자랑했다."

예수님께서 십자가에서 말씀하신 "다 이루었다"라는 선포는 천국의 영원한 기쁨을 준비해 놓으셨다는 보증의 말씀이기에 십자가는 모든 성도의 자랑이 아닐 수 없다. 십자가를 통한 천국의 소망 때문에 믿음의 사람들은 죽음을 두려워하지 않고 핍박과 고난을 견딜 수 있었다. 하나님께서 예수님의 십자가를 통해 준비해 주신 영원한 본향인 천국은 이 땅의 고향과 비교되지 않는 모든 것이 준비된 아름다운 곳이다. 아픔이나 슬픔이 없고, 이별도 없고, 아버지의 따뜻한 사랑 가운데 거하는 영원한 쉼이 있는 천국이 기다리고 있기에 성도들의 죽음은 복된 것이다.

또 내가 들으니 하늘에서 음성이 나서 이르되 기록하라 지금 이후로 주 안에

서 죽는 자들은 복이 있도다 하시매 성령이 이르시되 그러하다 그들이 수고를

그치고 쉬리니 이는 그들의 행한 일이 따름이라 하시더라 계 14:13

The Kingdom of GOD

66 믿음이 없이는 하나님을 기쁘시게 하지 못하나니
하나님께 나아가는 자는 반드시 그가 계신 것과
또한 그가 자기를 찾는 자들에게 상 주시는 이심
을 믿어야 할지니라

히브리서 11:6 99

천국을
소망하는 믿음

Chapter 12

천국을 소망하는 믿음

어느 날 한 백부장이 예수님께 나와 "하인이 중풍병으로 몹시 괴로워합니다"라고 말했다. 이에 예수님께서는 "내가 가서 고쳐 주리라"고 말씀하셨다. 그러자 백부장은 "주여 내 집에 오시는 것을 나는 감당하지 못합니다. 다만 말씀만 하십시오. 그러면 내 하인이 낫겠습니다"라고 대답했다. 이 말을 들은 예수님께서는 이스라엘 사람 중에 이만한 믿음을 보지 못했다고 칭찬하시며 "네 믿음대로 될 것이라"고 말씀하셨고, 즉시 그 하인이 나았다. 이 말씀은 마태, 누가, 요한복음에 기록되어 있다(마 8:5-13).

예수님으로부터 인정받은 자

바리새인과 율법학자, 서기관들은 성경 박사였지만 예수님께서 그들을 칭찬하셨다는 내용은 성경에 없다. 오히려 세상적으로 보잘것없는 자나 이방인이 인정받은 이야기가 더 많다. 대표적으로 예수님의 족보에 기록되는 영광을 얻은 두 명의 이방 여인이 있다.

살몬은 라합에게서 보아스를 낳고 보아스는 룻에게서 오벳을 낳고 오벳은 이새를 낳고 마 1:5

라합은 여리고성의 기생으로 가나안의 우상 종교와 성적인 문화에 빠져 있던 여인이다. 그러나 라합은 믿음으로 이스라엘 두 정탐꾼을 보호해 주어 가족과 친척 모두가 구원을 얻었다. 룻은 하나님이 저주한 민족인 모압 여인이었지만 시어머니 나오미의 믿음을 따라 하나님을 섬겨서 예수님의 족보에 들어갔다. 성경에서는 정말 부족하고 자격 없는 자들을 하나님께서 인정해 주신 기록을 많이 찾아볼 수 있다.

믿음이 없이는 하나님을 기쁘시게 하지 못하나니 하나님께 나아가는 자는 반드시 그가 계신 것과 또한 그가 자기를 찾는 자들에게 상 주시는 이심을 믿어야 할지니라 히 11:6

에녹의 믿음도 하나님으로부터 인정받았다. 하나님을 기쁘시게 하는 믿음은 곧 천국을 소망하는 믿음이다.

믿음으로 에녹은 죽음을 보지 않고 옮겨졌으니 하나님이 그를 옮기심으로 다시 보이지 아니하였느니라 그는 옮겨지기 전에 하나님을 기쁘시게 하는 자라 하는 증거를 받았느니라 히 11:5

하나님을 기쁘시게 하는 믿음

하나님을 기쁘시게 하는 믿음을 가진 자는 하나님과 예수님을 잘 아는 자이다.

영생은 곧 유일하신 참 하나님과 그가 보내신 자 예수 그리스도를 아는 것이니이다 요 17:3

여기서 '안다'라는 것은 단순한 지식을 넘어서 밀접한 관계가 된다는 뜻이다. 이는 남녀가 동침하는 것을 의미하며 인격적으로 깊이 앎을 뜻한다. 좋은 믿음은 하나님과 인격적인 교제를 통해 하나님과 예수님을 깊이 아는 것이다. 하나님을 많이 알수록 하나님이 주시는 기쁨을 누리며 산다. 하나님을 많이 아는 자는 하나님의 뜻을 지켜 행한다.

장성한 믿음

단단한 음식은 장성한 자의 것이니 그들은 지각을 사용함으로 연단을 받아 선
악을 분별하는 자들이니라 히 5:14

장성한 믿음을 가지면 하나님의 뜻을 알기에 분별력을 가지게 된다. 따라서
죄를 멀리하고 선한 일을 감당한다.

이는 젖을 먹는 자마다 어린 아이니 의의 말씀을 경험하지 못한 자요 히 5:13

하나님의 말씀을 경험하지 못하면 어린아이 같은 믿음에 머물러 있게 된
다. 어린아이 같은 믿음을 가지면 다른 사람에게 유익을 주지 못한다. 다른 사
람을 힘들게 하고 피해를 줄 수도 있다. 고린도 교회는 어린아이가 많은 교회
였다.

형제들아 내가 신령한 자들을 대함과 같이 너희에게 말할 수 없어서 육신에
속한 자 곧 그리스도 안에서 어린 아이들을 대함과 같이 하노라 고전 3:1

너희는 아직도 육신에 속한 자로다 너희 가운데 시기와 분쟁이 있으니 어찌 육신에 속하여 사람을 따라 행함이 아니리요 고전 3:3

고린도 교회가 영적으로 어린아이 수준이라는 증거는 그들에게는 시기와 분쟁이 있었다. 시기와 분쟁은 영적 어린아이에게서 나타나는 특징이다. 교회 안에 영적 어린아이가 많으면 많은 문제가 생긴다. 어린아이의 특징을 살펴보면 다음과 같다.

① 언제나 자기중심적이다.
② 자기주장이 관철될 때까지 떼를 쓴다.
③ 일을 맡기면 감당하지 못하고 오히려 그르친다.
④ 요구가 많다.
⑤ 생각 없이 함부로 말을 한다.
⑥ 선악을 분별할 능력이 없다(이단이나 거짓에 잘 넘어간다).
⑦ 마음이 연약하다.

영적 어린아이는 예수님보다 사람을 더 의지한다. 사람을 중심으로 모여 당을 만든다. 실제로 고린도 교회에는 바울파와 아볼로파가 있었다. 바울을 좋아하는 사람끼리 모이고, 아볼로를 좋아하는 사람끼리 모였다. 그럴 때 교회 안에 파벌싸움과 다툼이 일어난다. 교회 안에는 어떤 파벌도 있어서는 안

된다. 모두 하나가 되어 하나님만을 따르고 섬겨야 한다.

어떤 이는 말하되 나는 바울에게라 하고 다른 이는 나는 아볼로에게라 하니 너
희가 육의 사람이 아니리요 고전 3:4

말씀을 행하는 믿음

말씀을 듣고도 행하지 않으면 하나님의 은혜를 경험할 수 없다. 행하지 않
고 머리로만 아는 지식은 아무런 유익이 없기 때문이다.

아아 허탄한 사람아 행함이 없는 믿음이 헛것인 줄을 알고자 하느냐 약 2:20

영혼 없는 몸이 죽은 것 같이 행함이 없는 믿음은 죽은 것이니라 약 2:26

사람은 매일 씻는다. 더러움을 없애기 위해 자주 손을 씻고 샤워를 한다.
자주 씻는 사람이 깨끗하고 건강하게 살 수 있다. 하나님의 말씀은 우리를 깨
끗하게 한다. 죄로부터 우리를 지키고 영적으로 성장하게 해 준다. 매일 하나
님의 말씀대로 행하는 자는 영적인 건강을 유지하며 살 수 있다. 말씀대로 순
종할 때 하나님께서 그 믿음을 인정하시고 기뻐하신다.

너희가 진리를 순종함으로 너희 영혼을 깨끗하게 하여 거짓이 없이 형제를 사랑하기에 이르렀으니 마음으로 뜨겁게 서로 사랑하라 벧전 1:22

하나님과 동행하는 믿음

천국을 소망으로 삼는 사람은 하나님과 동행하는 삶을 산다. 에녹이 대표 모델이라고 할 수 있다. 에녹은 65세에 아들 므두셀라를 낳은 후부터 삼백 년 동안 하나님과 동행하며 살았다.

에녹은 육십오 세에 므두셀라를 낳았고 므두셀라를 낳은 후 삼백 년을 하나님과 동행하며 자녀들을 낳았으며 그는 삼백육십오 세를 살았더라 창 5:21-23

하나님과 동행했다는 것은 항상 하나님과 함께 했다는 것이다. 하나님과 인격적인 교제를 하며 항상 하나님의 뜻대로 살았다는 것이다.

아담의 칠대 손 에녹이 이 사람들에 대하여도 예언하여 이르되 보라 주께서 그 수만의 거룩한 자와 함께 임하셨나니 이는 뭇 사람을 심판하사 모든 경건하지 않은 자가 경건하지 않게 행한 모든 경건하지 않은 일과 또 경건하지 않은 죄인들이 주를 거슬러 한 모든 완악한 말로 말미암아 그들을 정죄하려 하심이

라 하였느니라 유 1:14-15

당시는 죄가 가득한 시대였다. 에녹은 경건하지 않은 자를 향해 심판이 있을 것임을 알렸다. 여기에 '경건'이란 단어가 네 번이나 기록되어 있다. 실제로 에녹의 증손자인 노아 때에 세상은 홍수 심판을 받았다. 이런 시대에 매일 하나님과 동행한 사람, 매일 하나님 말씀을 묵상하며 산 사람이 바로 에녹이다.

에녹은 아들의 이름을 '므두셀라'라고 지었는데, '창의 사람'이라는 뜻이다. 악한 세상에 태어난 아들이 창과 같은 믿음으로 자신을 지키기를 원했을 것이다. 에녹은 65세에 하나님과의 동행을 결단한 이후 삼백 년 동안 흔들리지 않았다. 악한 세상에 사는 우리도 에녹 같은 믿음의 결단이 필요하다. 하나님과 동행하기 위해 믿음의 모임에 적극적인 자가 되어야 한다.

오늘날 현대인들은 모임도 많고 매우 바쁘다. 그래서 하나님을 생각할 겨를조차 없을지 모른다. 하나님은 오늘의 상황을 미리 알고 말씀하셨다. 바쁘면 바쁠수록 더욱 열심히 주님과 동행하는 삶이 필요함을 알려 주셨다.

모이기를 폐하는 어떤 사람들의 습관과 같이 하지 말고 오직 권하여 그 날이 가까움을 볼수록 더욱 그리하자 히 10:25

에녹은 특별히 한 일이 없는 것처럼 보인다. 그러나 에녹은 대단한 일을 했다. 300년 동안 한결같이 하나님과 동행했다. 매 순간 하나님의 말씀을 듣고 순종했다. 항상 기도했다. 매일 말씀을 묵상하며 순종했기에 죄를 짓지 않았다. 다윗 역시 하나님과 한결같이 순종하며 살아간 위대한 왕이다. 그는 하나님의 마음에 합한 자였다.

> 다윗을 왕으로 세우시고 증언하여 이르시되 내가 이새의 아들 다윗을 만나니 내 마음에 맞는 사람이라 내 뜻을 다 이루리라 하시더니 행 13:22

그러나 어느 날 늦잠을 자고 일어나 왕궁을 돌다가 목욕하는 한 여자를 보고 음욕이 일어 동침하고 말았다. 하나님과 동행하지 않은 하루 때문에 삶이 고통 속에 빠졌다. 충성스러운 신하를 죽이고, 이후에 아들이 반란을 일으키고, 자기의 후궁들이 아들 압살롬에게 농락을 당하게 된다. 단 하루 한순간 하나님과 동행하지 않아도 이런 결과가 올 수 있다는 사실에 어떤 생각이 드는가? 세상 삶이 너무 바빠서 하루, 이틀, 한 달, 두 달… 하나님의 뜻을 무시하고 산다면 어떤 결과가 올지 추측해 볼 수 있다.

천국 소망을 가진 자의 삶

하나님은 시편 기자를 통해 우리에게 말씀하신다.

복 있는 사람은 악인들의 꾀를 따르지 아니하며 죄인들의 길에 서지 아니하며 오만한 자들의 자리에 앉지 아니하고 오직 여호와의 율법을 즐거워하여 그의 율법을 주야로 묵상하는도다 시 1:1-2

이것이 천국 소망을 가진 자의 모습이다. 성도가 무엇을 자랑할까? 신앙의 경력을 자랑하지 말라. 성경을 많이 안다고 자랑하지 말라. 직분을 자랑하지 말라. 우리는 오직 천국을 소망으로 삼고 하나님과 매일 동행하며 산 것을 자랑해야 한다.

천국을 소망하며 하나님과 동행하며 사는 자는 열심히 말씀을 대하고, 말씀에 순종하고, 기도하고, 찬양하는 일을 가장 귀하게 생각한다. 영적인 슬럼프가 있을 수 없다. 영적 침체기가 있을 수 없다. 천국 소망은 하나님과 매일 동행할 때 더해진다.

이 세상에서 자신의 뜻을 이루지 못해도, 성공하지 못하고 인정받지 못해도 우리는 가장 행복한 사람이다. 전염병이 사람을 불안하게 하고 지치게 해도 천국을 소망하는 믿음으로 살면 세상이 줄 수 없는 행복을 맛보며 살 수 있다. 하루도 빠지지 말고 기도와 말씀으로 하루를 시작하라. 예배에 적극적으로 참석하여 은혜를 사모하라. 세상 가운데서 은혜받은 대로 살기를 힘쓰라. 천국을 소망하며 장성한 믿음의 사람으로 하나님과 동행하며 살기를 힘쓰면 천국의 기쁨을 이 땅에서도 누리며 살 수 있을 것이다.

"생각하건대 현재의 고난은 장차 우리에게 나타날
영광과 비교할 수 없도다

로마서 8:18 "

Chapter 13

천국과 상급

Chapter 13

천국과 상급

사람은 상에 대한 욕심이 있다. 상을 받으면 영광스러워하고 자랑하고 싶어
한다. 특히 자녀가 어떤 분야이든 세계적인 상을 받으면 그 기쁨은 대단하다.
성도에게는 이 땅에서 주는 상과 차원이 다른 하나님께서 주시는 상이 있다.
이 땅에서의 상이 잠시 잠깐 영광과 기쁨을 준다면 하늘나라의 상은 영원한
기쁨을 준다. 성경은 믿는 자가 받는 하늘의 상이 얼마나 대단한지를 잘 말씀
하고 있다.

하늘의 상을 기대하자

만일 하나님께서 구원받은 것만으로 만족하라고 말씀하셨으면 어떨까? 하늘나라 상이 없다면 믿지 않는 자와 삶이 크게 차이가 없을 것이다. 하나님의 뜻을 중요하게 여기지 않고 내 뜻대로, 내 마음대로 살려고 할 것이다. 섬기고 희생하는 삶을 기대할 수 없을 것이다. 그러나 성경은 상급에 대해 말씀하고 있다. 찬송가 216장 〈성자의 귀한 몸〉 4절의 가사이다.

만 가지 은혜를 받았으니 내 평생 슬프나 즐거우나
이 몸을 온전히 주님께 바쳐서 주님만 위하여 늘 살겠네

물론 우리는 구원받은 것 자체만 해도 너무나 큰 은혜이기에 감사하며 섬기고 희생해야 한다. 그러나 예수님은 하늘나라 상을 준비하실 뿐 아니라, 우리가 하늘나라 상을 기대하고 상 받을 준비를 하기를 원하신다. 예수님께서 이 땅에 빨리 오고 싶어 하시는 이유 중에 하나가 성도들에게 상 주시기 위함이라고 요한계시록에 기록되어 있다.

내가 속히 오리니 네가 가진 것을 굳게 잡아 아무도 네 면류관을 빼앗지 못하게 하라 계 3:11

보라 내가 속히 오리니 내가 줄 상이 내게 있어 각 사람에게 그가 행한 대로

갚아 주리라 계 22:12

사람은 동기가 있어야 행동으로 옮긴다. 올림픽에 참가하는 것에만 목적을
둔다면 쉬엄쉬엄 훈련하게 될 것이고 결과에 대한 기쁨은 맛보지 못할 것이
다. 선수들은 올림픽에서 좋은 성적을 내기 위해서 땀 흘리며 최선의 노력을
한다. 바울 당시 고린도에서 3년마다 개최되는 운동경기가 있었는데 선수들
은 각 종목에서 1등을 하기 위해 엄청난 훈련을 하며 자신을 철저히 관리했다
고 한다. 하늘나라 상급은 우리가 먼저 요구한 것이 아니라 하나님께서 먼저
말씀하신 것이다. 성경에 나오는 믿음의 사람들도 하나님의 상에 관심을 가졌
다. 모세는 훗날 하나님께서 주실 상을 바라보며 이 땅에서의 수모를 택했다.

그리스도를 위하여 받는 수모를 애굽의 모든 보화보다 더 큰 재물로 여겼으니

이는 상 주심을 바라봄이라 히 11:26

모세가 애굽 궁전에서 누리던 부귀영화를 버리고 하나님의 종으로 이스라
엘 민족을 섬긴 것에 대해 하나님께서 장차 하늘나라 상으로 반드시 갚아 주
실 것을 강조하고 있는 말씀이다.

운동장에서 달음질하는 자들이 다 달릴지라도 오직 상을 받는 사람은 한 사람인

줄을 너희가 알지 못하느냐 너희도 상을 받도록 이와 같이 달음질하라 고전 9:24

죄인의 괴수라고 고백한 바울은 구원해 주신 은혜에 감격하며 감사하는 마음으로 주님을 섬겼다. 동시에 훗날 주어질 하나님의 상에 대한 기대감도 가지고 사역했다. 바울은 하나님의 은혜에 감사하는 마음과 함께 하나님의 또 다른 마음을 알았다. 상 주고 싶어 하시는 하나님의 마음을 알았다. 하나님께서 주시는 상을 기대하며 섬긴 바울은 풍성한 열매를 맺었다.

하늘나라 상급을 기대한 바울

바울은 그 어떤 사도보다 많은 열매를 맺었다. 바울은 삶을 마감하는 시점에 다른 성도들도 자신처럼 하늘나라 상을 받기를 원했다. 하늘의 상을 기대하며 사역할 때 하나님의 뜻을 이 땅에 이루어 드리는 결과를 가져온다.

이기기를 다투는 자마다 모든 일에 절제하나니 그들은 썩을 승리자의 관을 얻고자 하되 우리는 썩지 아니할 것을 얻고자 하노라 고전 9:25

바울은 이 땅에서의 상급과 하늘나라 상급의 차이를 알았다. 썩지 않는 상과 썩어 없어질 상의 차이를 알았다. 썩지 않는 상은 하나님이 주시는 영원한 상이며, 이 땅의 상은 잠시 후면 썩을 상이라는 것을 알고 썩지 않을 상을 위해 노력했다. 영원한 상을 위해 달려가는 사람은 영원한 상급에 대한 확신과 목표가 분명하다. 하나님께서 최고의 가치로 여기는 것이 목표가 된다. 하나님의 최고의 가치는 영혼의 구원이다. 하나님은 한 사람, 한 사람을 너무나 사랑하시고, 한 영혼, 한 영혼이 회개하고 돌아오는 것을 가장 귀한 가치로 보신다.

복음을 부끄러워하지 않고 담대하게 전한 바울

내가 복음을 부끄러워하지 아니하노니 이 복음은 모든 믿는 자에게 구원을 주시는 하나님의 능력이 됨이라 먼저는 유대인에게요 그리고 헬라인에게로다

롬 1:16

바울은 복음을 전하며 당하는 온갖 수치와 모욕, 핍박을 이겼다. 바울이 당한 능욕은 말로 다할 수 없었다. 죽음의 위협과 온갖 박해를 당했다.

유대인들에게 사십에서 하나 감한 매를 다섯 번 맞았으며 세 번 태장으로 맞고 한 번 돌로 맞고 세 번 파선하고 일 주야를 깊은 바다에서 지냈으며 여러 번 여행하면서 강의 위험과 강도의 위험과 동족의 위험과 이방인의 위험과 시내의 위험과 광야의 위험과 바다의 위험과 거짓 형제 중의 위험을 당하고 또 수

고하며 애쓰고 여러 번 자지 못하고 주리며 목마르고 여러 번 굶고 춥고 헐벗
었노라 고후 11:24-27

그가 왜 세상에서 이런 대우를 받았는가? 그것은 최고의 가치인 영혼을 구
원하기 위함이었다. 그는 세상의 영광을 버렸다. 바울은 세상 사람들이 인정
하는 유대교 집안 출신으로, 바리새인이 되기 위해 율법에 정통한 랍비의 문
하생으로 매우 열심히 공부했다. 그러나 예수님을 만난 후 복음을 전하기 위
해 자랑스러운 출신, 화려한 경력을 포기했다. 배설물처럼 여겼다.

또한 모든 것을 해로 여김은 내 주 그리스도 예수를 아는 지식이 가장 고상하
기 때문이라 내가 그를 위하여 모든 것을 잃어버리고 배설물로 여김은 그리스
도를 얻고 빌 3:8

바울은 전투하는 군인처럼 생명을 걸고 복음을 전하기 위해 싸웠다.

나는 선한 싸움을 싸우고 나의 달려갈 길을 마치고 믿음을 지켰으니 딤후 4:7

최선을 다했고 생명을 걸고 싸웠다는 뜻이다. 전쟁에서 이기기 위해서는
온 힘을 다해 싸워야 한다. 취미생활을 하듯이 여유를 부리면 안 된다. 병정
놀이하듯 긴장감을 풀어서도 안 된다.

하늘나라 상에 대한 변하지 않는 진리

1) 때가 되면 반드시 거둔다

하나님의 일을 하면서 결코 낙심하지 말아야 할 이유가 있다. 때가 되면 거두기 때문이다.

우리가 선을 행하되 낙심하지 말지니 포기하지 아니하면 때가 이르매 거두리라 갈 6:9

때가 되면 거둔다는 말씀은 하나님께서 결과를 보장하신다는 것이다. 여기서 중요한 것은 어떤 경우에도 낙심하지 않고 끝까지 가는 것이다. 어떤 상황이 닥쳐도 중단하지 않고 끝까지 가야 한다. 바울의 이런 자세는 후대에 사역의 열매로 나타났다.

2) 장래에 좋은 터를 쌓는 것이다

우리가 이 땅에서 섬긴 것은 하늘의 영원한 보물이 된다.

선을 행하고 선한 사업을 많이 하고 나누어 주기를 좋아하며 너그러운 자가 되

게 하라 이것이 장래에 자기를 위하여 좋은 터를 쌓아 참된 생명을 취하는 것

이니라 딤전 6:18-19

장래에 좋은 터를 쌓는다는 것은 보물을 하늘에 쌓는다는 뜻이다.

너희를 위하여 보물을 땅에 쌓아 두지 말라 거기는 좀과 동록이 해하며 도둑

이 구멍을 뚫고 도둑질하느니라 오직 너희를 위하여 보물을 하늘에 쌓아 두라

거기는 좀이나 동록이 해하지 못하며 도둑이 구멍을 뚫지도 못하고 도둑질도

못하느니라 마 6:19-20

우리가 사는 이 세상과 오늘은 잠깐이지만 우리가 가게 될 천국은 영원한

세계이다. 우리가 이 땅에서 섬긴 것은 장래에 받을 것과 비교되지 않는다.

생각하건대 현재의 고난은 장차 우리에게 나타날 영광과 비교할 수 없도다

롬 8:18

오늘 눈물로 섬긴 것은 장래에 너무나 큰 축복으로 다가오기에 기대하며

인내해야 한다.

3) 주님으로부터 그대로 받는다

당장 어려움이 있고 고통과 핍박이 있어도 기쁜 마음으로 섬기면 그대로 받는다.

기쁜 마음으로 섬기기를 주께 하듯 하고 사람들에게 하듯 하지 말라 이는 각 사람이 무슨 선을 행하든지 종이나 자유인이나 주께로부터 그대로 받을 줄을 앎이라 엡 6:7-8

사도 바울은 주님으로부터 상을 그대로 받는다는 확신 때문에 최선을 다했고, 항상 기대감으로 가득했다. 상황이 아무리 힘들고 어려워도 결코 낙심하거나 포기하지 않았다. 상 주시는 하나님께서 모든 것을 다 보시고 상 주실 것임을 확신하며 즐거운 마음으로 섬겼다.

천국 상급에 대한 확신을 가지면 어떤 자세를 가지게 될까?

1) 이 땅에서의 보상에 연연해하지 않는다

잔치를 베풀거든 차라리 가난한 자들과 몸 불편한 자들과 저는 자들과 맹인들

을 청하라 그리하면 그들이 갚을 것이 없으므로 네게 복이 되리니 이는 의인들
의 부활시에 네가 갚음을 받겠음이라 하시더라 눅 14:13-14

사람은 본능적으로 보상받고 싶어 하기에 내가 보상받을 수 있는 사람에게
베풀려고 한다. 그러나 예수님은 보상받지 못할 사람에게 베풀라고 하신다.
주님께서 반드시 갚아 주실 것이기 때문이다. 그러므로 성도들은 이 땅에서의
보상에 연연해하지 말아야 한다. 주님으로부터 보상받을 것을 기대해야 한다.

2) 보상받지 못한 서운함에서 자유할 수 있다

많은 성도들이 보상받지 못해 괴로워한다. 인정받지 못해서 서운해하고 힘
들어한다. 그러나 하늘나라 상이 있음을 아는 자는 남들이 내 수고를 알아
주지 않아도 흔들림 없이 일한다. 하나님께서 꼭 알아준다고 약속하셨기 때
문이다. 이 땅에서 인정받지 못하고 대가를 받지 못해서 섭섭한 적이 있는가?
이제부터는 자유하라. 주님께서 약속한 상급이 기다리고 있다.

성공과 하늘의 상

하나님께서 인정해 주시는 성공은 하나님께서 우리에게 부여하신 일을 성

실하게 하는 것이다. 하나님의 뜻에 대해 성실한 태도를 유지하는 자가 성공한 자이다. 이런 자에게는 썩지 않는 영원한 상이 있기 때문이다. 하나님의 뜻대로 산 것 자체가 성공이다. 사람은 결과를 보지만, 하나님은 그렇지 않다. 하나님 앞에서 최선을 다하고 있다면 성공한 것이다. 하늘나라 상을 확신하고 기대하는 자는 주님의 일에 적극적이다. 어떤 경우에도 포기하지 않고 기쁨으로 최선을 다한다. 하늘나라의 상을 기대하는 자는 이 땅에서 좋은 모델이 된다. 요셉이 성공한 것은 애굽의 총리가 되었기 때문이 아니다. 하나님 앞에서 최선을 다했기 때문이다. 바울도 마찬가지다.

나는 선한 싸움을 싸우고 나의 달려갈 길을 마치고 믿음을 지켰으니 이제 후로는 나를 위하여 의의 면류관이 예비되었으므로 주 곧 의로우신 재판장이 그날에 내게 주실 것이며 내게만 아니라 주의 나타나심을 사모하는 모든 자에게 도니라 딤후 4:7-8

그는 후회 없는 삶이었다고 만족을 고백했다. 하나님의 상급을 기대하며 일하는 자는 하나님의 마음을 깊이 헤아리는 자이다. 하나님의 사랑을 마음 깊이 받아들였다는 것이다. 상 받는 성도는 하나님의 큰 기쁨이 된다. 하나님께서 주고자 하시는 상을 사모하고 살면 하나님께서 기뻐하시고, 영원히 기뻐하며 살게 될 것이다.

The Kingdom of GOD

Chapter 14

천국 가는 길

Chapter 14

천국 가는 길

사람이 죽음을 두려워하는 이유는 무엇일까? 누구도 죽음 앞에서 저항할
수 없기 때문이다. 누구도 육체의 죽음을 피할 수 없다. 죽음 이후의 문제도
해결할 수 없다. 대부분의 사람은 죽음을 준비하지 않는다. 어떻게 준비해야
하는지도 모른다.

좀 불편한 질문을 해 보자. "죽을 준비가 되었습니까?"라는 질문을 받으면
어떻게 대답하겠는가? 대부분 "아직 살 날이 많아요", "당장 살기도 바빠서 죽
을 준비까지 할 필요는 없어요", "죽음은 생각하기도 싫어요", "죽음 이후가 있
나요? 죽으면 끝이잖아요"라고 대답할 것이다.

그러나 죽음은 사람의 의지와 상관없이 찾아온다. 살고 싶어도 더 살 수 없
고, 미리 날짜를 정해 놓아도 그날 죽을 수 없다. 언제 다가올지 모르는 일이

기에 항상 죽음을 준비하며 살아야 한다.

한번 죽는 것은 사람에게 정해진 것이요 그 후에는 심판이 있으리니 히 9:27

　사람이 한 번 죽는 것은 정해진 이치이다. 죽음 이후는 영원한 세계가 있다. 육체가 흙으로 돌아가는 것으로 끝이 아니다. 육체는 흙으로 돌아가지만 영혼은 죽지 않는다. 사람은 짐승과 달리 영혼이 있다. 영혼은 하나님을 닮은 형상이다. 영혼이 있기에 하나님과 교제하고, 양심을 통해 죄를 깨닫는다. 짐승은 영혼을 가질 수 없기에 기도하거나 예배드리지 않는다. 하나님은 영혼을 가진 사람에게 영원을 사모하는 마음을 주셨다.

　하나님이 모든 것을 지으시되 때를 따라 아름답게 하셨고 또 사람들에게는 영원을 사모하는 마음을 주셨느니라 그러나 하나님이 하시는 일의 시종을 사람으로 측량할 수 없게 하셨도다 전 3:11

　사람에게 영원을 사모하는 마음을 주셨기에 죽음 이후, 즉 내세를 생각한다. 이집트에는 거대한 피라미드가 있다. 이집트 왕 파라오가 즉위하면 그때부터 무덤을 만들었다. 내세가 있다고 생각했기에 무덤을 미리 준비해서 내세에서 살 길을 준비한 것이다. 그들은 육체를 보존하는 것으로 내세를 준비할 수 있다고 착각을 했다.

죽음 이후의 준비

죽음 이후를 준비하는 것이 최고의 지혜이다. 죽음 이후는 영원하지만 이
세상은 오래 살아야 100년이다. 따라서 하나님의 심판은 영원한 결과를 낳는
심판이다. 심판의 결과는 죄의 여부로 결정된다. 그렇다면 어떻게 죽음 이후
를 준비해야 할까? 이 땅에서 지은 죄를 해결해야 한다. 죽음과 죄는 연관이
있다. 죄를 해결하지 않으면 죽음 이후에 영원한 고통이 기다리고 있다. 죄 때
문에 사람이 고통을 받는다. 죽음도 죄의 결과이다.

선악을 알게 하는 나무의 열매는 먹지 말라 네가 먹는 날에는 반드시 죽으리라
하시니라 창 2:17

죽음 이후에는 죄에 따른 영원한 형벌이 기다리고 있다.

한번 죽는 것은 사람에게 정해진 것이요 그 후에는 심판이 있으리니 히 9:27

그들은 영벌에, 의인들은 영생에 들어가리라 하시니라 마 25:46

지옥에 대한 성경의 표현

만일 네 손이 너를 범죄하게 하거든 찍어버리라 장애인으로 영생에 들어가는 것이 두 손을 가지고 지옥 곧 꺼지지 않는 불에 들어가는 것보다 나으니라 만일 네 발이 너를 범죄하게 하거든 찍어버리라 다리 저는 자로 영생에 들어가는 것이 두 발을 가지고 지옥에 던져지는 것보다 나으니라 만일 네 눈이 너를 범죄하게 하거든 빼버리라 한 눈으로 하나님의 나라에 들어가는 것이 두 눈을 가지고 지옥에 던져지는 것보다 나으니라 거기에서는 구더기도 죽지 않고 불도 꺼지지 아니하느니라 사람마다 불로써 소금 치듯 함을 받으리라 막 9 :43-49

지옥에 대한 표현을 보면 절대로 가서는 안 되는 곳임을 알 수 있다. 소금에 절이듯이 불로 절여지는 곳, 구더기도 죽지 않는 곳, 불이 꺼지지 않는 곳. 죄를 해결하지 않으면 영원한 고통을 감당해야 한다. 죄를 해결하지 않으면 죽음은 영원한 고통의 시작이 된다.

예수님께서 이 땅에 오셔서 하신 첫 번째 말씀은 회개의 촉구였다.

이 때부터 예수께서 비로소 전파하여 이르시되 회개하라 천국이 가까이 왔느니라 하시더라 마 4:17

예수님께서 이 땅에 오신 목적에 대해서도 성경은 명쾌하게 증거한다.

아들을 낳으리니 이름을 예수라 하라 이는 그가 자기 백성을 그들의 죄에서 구원할 자이심이라 하니라 마 1:21

예수님은 인간의 죄 문제를 해결해 주시기 위해 이 땅에 오셨다. 죄 문제를 해결하면 죽음 이후가 두렵지 않다. 하나님은 죽음 이후에 대해 알려 주셨다.

데살로니가전서 4장 13절에서 "형제들아 자는 자들에 관하여는 너희가 알지 못함을 우리가 원하지 아니하노니 이는 소망 없는 다른 이와 같이 슬퍼하지 않게 하려 함이라"라고 말씀하고 있다. 죽은 자에 관해 알기를 원하는 이유는 믿지 않는 자처럼 죽음 앞에서 슬퍼하는 것을 원하지 않기 때문이다. 육체의 죽음 이후에도 소망이 있기에 슬퍼하지 말라고 분명하게 말씀하신 것이다. 죽음 이후에 대해 알려 주시는 것은 죽음 이후를 잘 준비하라는 주님의 마음이다.

육체의 죽음 이후에 어떤 일이 있을까?

1) 부활이 있다

예수님께서 죽으셨다가 다시 살아나신 것을 믿는 자에게 부활이 있음을 분명히 말씀하고 있다.

우리가 예수께서 죽으셨다가 다시 살아나심을 믿을진대 이와 같이 예수 안에서 자는 자들도 하나님이 그와 함께 데리고 오시리라 **살전 4:14**

예수님께서는 실제로 죽은 자를 살리셨다. 죽은 나사로, 나인성 과부의 아들, 야이로의 딸을 직접 살리시므로 사람에게 부활이 있음을 보여 주셨고 믿는 자에게 부활이 있음을 분명히 말씀하신 것이다.

예수께서 이르시되 나는 부활이요 생명이니 나를 믿는 자는 죽어도 살겠고 요 11:25

성도는 언제 부활하는가? 주님 오시는 날, 재림하실 때 부활하게 된다.

2) 부활과 재림

주께서 호령과 천사장의 소리와 하나님의 나팔 소리로 친히 하늘로부터 강림
하시리니 그리스도 안에서 죽은 자들이 먼저 일어나고 그 후에 우리 살아남은
자들도 그들과 함께 구름 속으로 끌어 올려 공중에서 주를 영접하게 하시리니
그리하여 우리가 항상 주와 함께 있으리라 살전 4:16-17

예수님이 다시 오시는 날, 죽은 자들이 먼저 부활하고 그때까지 살아있는
자들은 구름 속으로 올라가 공중에서 주님을 영접할 것이라고 하셨다. 도무
지 인간의 머리로 이해되지 않는 말씀이다. 그러나 하나님이 누구신가? 하나
님은 창조주이시다. 예수님은 하나님의 아들로 하나님이시다. 성경은 예수님
이 인간의 힘으로 할 수 없는 기적 같은 일들을 하신 내용으로 가득 차 있다.
하나님은 우리의 머리로 이해되지 않는 일을 얼마든지 하신다. 하나님은 말이
안 되는 일을 하신다.

부활에 대한 질문

부활은 옛날이나 지금이나 사람의 머리로는 도무지 이해되지 않는 믿을 수
없는 일이기에 의문이 많다.

누가 묻기를 죽은 자들이 어떻게 다시 살아나며 어떠한 몸으로 오느냐 하리니

고전 15:35

고린도 교인들 중에도 "죽은 자들이 어떻게 다시 살아나며, 또 그들은 도대체 어떤 몸으로 살아나느냐?"라고 묻는 사람들이 있었던 것이다. 성경은 이 사실을 기막히게 그리고 쉽게 설명하고 있다. 자연의 이치를 통해 부활이 있음을 알려 주셨다.

어리석은 자여 네가 뿌리는 씨가 죽지 않으면 살아나지 못하겠고 고전 15:36

우리는 자연의 원리를 통해 부활을 깨달을 수 있다. 씨를 뿌리지 않으면 열매 맺지 못하는 것처럼, 우리의 죄성과 자아가 죽지 않으면 부활을 경험할 수 없다.

이전보다 새롭고 완전한 부활

씨 뿌리는 사람은 성장한 나무나 식물을 심지 않고, 한 알의 씨앗을 뿌리는 것이 당연한 이치이다. 뿌려진 씨앗은 썩어져서 다른 형태로 살아난다. 씨를 뿌렸는데 열매가 열린다. 이처럼 사람도 죽음으로 이전보다 새롭고 완전한

형태로 부활하게 된다.

> 또 네가 뿌리는 것은 장래의 형체를 뿌리는 것이 아니요 다만 밀이나 다른 것
> 의 알맹이 뿐이로되 하나님이 그 뜻대로 그에게 형체를 주시되 각 종자에게
> 그 형체를 주시느니라 고전15:37-38

부활은 전적으로 하나님의 능력에 달려 있다. 사람이 씨를 뿌려도 열매를 맺게 하시는 분은 하나님이시다. 하나님은 사과씨 속에는 사과의 형체를 넣으시고, 포도씨 속에는 포도의 형체를 넣어 놓으셨다. 씨를 뿌리는 자가 씨를 뿌리면 하나님께서 그 열매를 거두도록 만들어 놓으신 것이다. 이처럼 죽은 자가 부활하는 것은 하나님의 능력에 달려 있다. 우리가 예수님을 믿는 믿음을 보시고 우리에게 부활을 주시는 것이다.

성도의 죽음은 귀한 것이다

> 그의 경건한 자들의 죽음은 여호와께서 보시기에 귀중한 것이로다 시 116:15

하나님은 성도의 죽음을 아주 귀하게 보신다. 그러므로 죽음을 준비하는 것은 가장 지혜로운 행동이라고 할 수 있다. 죽음 이후를 준비하는 길은 죄

문제를 해결하는 것이다.

죄를 해결하는 방법

죄를 해결하기 위해서는 먼저 내가 죄인임을 인정해야 한다.

기록된 바 의인은 없나니 하나도 없으며 **롬 3:10**

모든 사람이 죄를 범하였으매 하나님의 영광에 이르지 못하더니 **롬 3:23**

만물보다 거짓되고 심히 부패한 것은 마음이라 누가 능히 이를 알리요마는
렘 17:9

입에서 나오는 것들은 마음에서 나오나니 이것이야말로 사람을 더럽게 하느
니라 마음에서 나오는 것은 악한 생각과 살인과 간음과 음란과 도둑질과 거짓
증언과 비방이니 **마 15:18-19**

그 형제를 미워하는 자마다 살인하는 자니 살인하는 자마다 영생이 그 속에
거하지 아니하는 것을 너희가 아는 바라 **요일 3:15**

사람은 모두 죄인이기에 마음으로, 말로, 행동으로 셀 수 없이 많은 죄를 짓는다. 죄 때문에 하나님 나라에 갈 수 없는 것이다. 그런데 예수님께서 우리 죄의 짐을 대신 짊어지시고 십자가에서 죽으셨다. 우리의 죗값을 대신 지불하셨다. 죄인인 나를 대신하여 십자가에서 죽으시고 부활하신 예수님을 믿는 자에게 영원한 생명, 천국을 선물로 주신다.

내가 진실로 진실로 너희에게 이르노니 내 말을 듣고 또 나 보내신 이를 믿는 자는 영생을 얻었고 심판에 이르지 아니하나니 사망에서 생명으로 옮겼느니 라 요 5:24

예수님은 천국으로 가는 길이다

예수님은 '영원'이라는 단어를 유난히 많이 사용하셨다. 이는 우리가 시한부적인 존재가 아닌 영원한 존재임을 말씀하신 것이다. 영원한 존재이므로 영원히 살 준비를 미리 하라고 가르치신 것이다.

내가 그들에게 영생을 주노니 영원히 멸망하지 아니할 것이요 또 그들을 내 손에서 빼앗을 자가 없느니라 요 10:28

하나님은 예수님의 십자가와 부활이 나를 위해 행하신 일임을 믿는 자를 천국으로 인도하신다. 예수님은 자신을 분명하게 알리셨다.

예수께서 이르시되 내가 곧 길이요 진리요 생명이니 나로 말미암지 않고는 아버지께로 올 자가 없느니라 요 14:6

가서 너희를 위하여 거처를 예비하면 내가 다시 와서 너희를 내게로 영접하여 나 있는 곳에 너희도 있게 하리라 요 14:3

육체적인 죽음은 누구에게나 반드시 다가온다. 예수님을 믿으므로 영원한 천국을 준비하자. 예수님께서 기쁘게 맞이해 주실 천국을 소망하며 살아가자.

　이 세상에서 가장 기쁜 소식 '천국'. 사람은 행복의 극치를 느낄 때 '천국'이라는 단어를 사용한다. 그런데 천국이 어떤 곳인지, 어떻게 가는 곳인지 알고 천국을 말하면 얼마나 좋을까?

　처음 목회를 할 때 무엇을 해야 하는지, 어떻게 해야 하는지도 모르고 무조건 열심히 했다. 지금 생각해 보면 중요하지 않은 일 때문에 늘 바빴다. 그러나 천국 복음의 가치를 깊이 깨달은 이후로는 천국을 알리기 위해 바쁘게 살았다. 가장 행복한 시간이 바로 천국 복음을 전할 때이다. 천국을 알리는 시간은 참으로 행복하다.

　1995년부터 '행복 축제'라는 이름으로 시작한 대각성전도집회는 가장 기대되는 시간이 되었다. 천국 복음을 듣고 예수님을 믿는 한 사람, 한 사람을 보면 참으로 감격스럽다.

　복음은 기쁜 소식이다. 천국을 선물로 주신다는 기쁜 소식이다. 하나님은 죄 때문에 일그러진 형상으로 살아가는 사람을 예수님을 통해 회복시켜 주시고, 자녀로 삼으시고, 오직 하나님만이 주실 수 있는 천국을 선물로 주신다.

천국은 하나님이 주시는 최고의 선물, 영원한 선물이다. 천국에서는 이 땅 어디에서도 찾아볼 수 없는 영원한 위로와 안식이 있다. 천국을 소유한 자는 모든 것을 다 얻은 자이고, 천국을 소유하지 못한 자는 모든 것을 다 가졌어도 가장 불행한 자이다. 고독과 불운, 억울함과 가난으로 아파하고 슬퍼하는 모든 자들의 눈물을 닦아 주실 곳 그곳이 천국이다.

'천국' 누구나 갈 수 있다.
'천국' 함께 가자. 그리고 사모하고 기대하자.

모든 눈물을 그 눈에서 닦아 주시니 다시는 사망이 없고 애통하는 것이나 곡하는 것이나 아픈 것이 다시 있지 아니하리니 처음 것들이 다 지나갔음이러라

계 21:4

① 천국을 사모한 자들의 명언

- 그리스도인은 천국에 이르려 애쓰고 있는 이 세상 시민이 아니다. 이 세상을 통과해 가고 있는 천국 시민이다.

  — 밴스 헤브너(Vance Havner, 1901~1986), 미국 침례교 목사

- 심판 날에는 단 두 부류의 사람이 있을 뿐이다. 하나님께 "아버지의 뜻이 이루어지기 원합니다"라고 말하는 사람과 끝내 아버지께서 "너희가 원하는 대로 될 것이다"라고 말씀하시는 사람이다.

  — C. S 루이스(Clive Staples Lewis, 1898~963), 옥스퍼드대학 교수·작가

- 우리가 죄의 저주 아래 사는 동안 이 세상에서 알았던 그 어떤 즐거움도 천국의 순전한 기쁨에 비하면 사소하고 하찮은 유희일 뿐이다.

  —존 맥아더(John Fullerton MacArthur Jr., 1939~), 미국 그레이스 교회 목사

- 천국은 완벽히 질서정연하고 조화롭게, 하나님을 또 하나님 안에서 서로를 누리는 것이다.

  – 아우구스티누스(Augustinus, 354~430), 초대 기독교 교부·철학자·사상가

- 그 성은 하나님을 너무나 사랑한 나머지 주의 백성이 자신을 잊는 도시다.

  – 아우구스티누스(Augustinus, 354~430), 초대 기독교 교부·철학자·사상가

- 천국에 가장 완벽한 자비가 있는 것처럼 지옥에 가장 완벽한 미움이 있다.

  – 토마스 아퀴나스(Thomas Aquinas, 1225~1274), 이탈리아 철학자·신학자

● 성도의 천국에서의 안식은 그리스도인의 최고의 행복한 상태다. 죽게 될 인간은 천국에서의 영원한 안식을 삶의 목표로 삼아야 한다. 그 이유는 죽음을 지나 영화로워진 영혼들과 천사들은 천국의 안식을 누릴 수 있지만 마귀들과 저주 받은 자들은 영원한 안식을 누릴 수 없기 때문이다. 또한 인간이 천국의 안식과 행복을 얻기 위해서는 반드시 예수님을 믿어야 한다.

– 리처드 백스터(Richard Baxter, 1615~1691), 영국 청교도 목사 · 시인

● 천국은 정금으로 지어졌고 투명하다. 벽은 벽옥이고, 문은 진주문이며, 수정같이 맑은 생명수가 있고, 생명나무는 열두 가지 열매를 맺고, 잎사귀들은 치료약이다. 어둠이 없이 빛만 있고, 슬픔이나 병든 것이나 부족함, 수치나 흠이나 수고나 썩는 것이나 불행이 없고, 오직 즐거움, 건강, 부요, 영예, 아름다움, 편안함, 축복, 위로만이 영원하다.

– 루이스 베일리(Lewis Bayly, 1575~1631), 영국 청교도 목사

- 지금 지옥은 준비되어 있고, 불은 예비 되어 있으며, 용광로는 뜨겁게 달구어져 악인들을 받을 준비를 하고 있고, 불꽃은 지금 크게 이글거리고 있다. 번쩍이는 칼은 뽑혀져서 악인들의 머리를 겨누고 있으며, 지옥은 악인들 아래서 입을 벌리고 있다. 회개하지 않은 사람은 지옥의 썩어 있는 뚜껑 위를 걷고 있다. 유황불이 타고 있는 불못이 발밑에 펼쳐져 있다. 지금 여기 있는 사람 가운데 아주 짧은 시간 안에 올해가 다 가기 전에 지옥에 있는 사람이 있을지도 모른다.

  – 조나단 에드워드(Jonathan Edwards, 1703~1758), 미국 부흥운동가·스톡브리지교회 목사

- 천국에서는 삶의 기쁨을 원했던 자는 하나님 안에서 슬픔도 없고 고통도 없는 지극한 기쁨을 발견하고, 진정한 영광을 보기 원했던 자는 그 영광을 발견하고, 아름다운 보화를 사모했던 자는 그 보화를 소유하게 될 것이다. 그러므로 이 세상이 끝나고 천국에 갈 때 우리는 얼마나 행복할까?

  – 루이스 베일리(Lewis Bayly, 1575~1631), 영국 청교도 목사

● 북쪽의 나라들은 태양에서 멀리 떨어져 있기 때문에 매우 차갑고 꽁꽁 얼어있다. 천국에서 멀리 떨어져 사는 그리스도인의 삶처럼 그렇게 차갑고 불편한 사람이 어디 있을까? 하나님께 가까이 나아가는 고결한 삶 외에 다른 사람에게 따스한 위로를 줄 수 있는 삶이 어디 있겠는가?

　　　　　　　　－ 리처드 포스터(Richard J. Foste, 1942~), 미국 신학자·스프링아버대학교 교수

● 우리 그리스도인은 이 땅에서는 순례자이며 우리의 확고한 지위는 내 본향 천국에 있다.

　　　　　　　　－ 터툴리안(Tertulian, 155~245), 기독교 교부, 평신도신학자

● 천국이 우리의 궁극적 소망이므로 우리 그리스도인에게 이 세상은 유랑의 장소이다.

　　　　　　　　－ 칼빈(John Calvin, 1509-1564), 프랑스 신학자·종교개혁가,

- 예수님 만나기를 고대하고 있는 나는 그분을 만나면 그분의 발 앞에 엎드려 나를 구원해주시고 사용해 주심에 감사를 드리겠다.

  - 빌리 선데이(William Ashley Sunday, 1862~1935), 미국 복음전도자

- 하늘에서 상을 받는 사람은 세 종류 밖에 없다. 첫째는 순교자들이요, 둘째는 청춘을 바쳐 헌신한 성스러운 자들이고, 셋째는 하나님의 사업을 위해 몸과 시간과 물질로 봉사하고 헌신하고 투자한 사람들이다.

  - 칼 바르트(Karl Barth, 1886~1968), 독일 신학자·스위스 개혁교회 목사

- 악인들은 결코 죽지 않는 벌레를 얻고, 경건한 자들은 결코 쇠하지 않는 면류관을 얻는다.

  - 토마스 왓슨(Thomas John Watson Sr., 1620~1686), 영국 청교도 설교자

❷ 천국을 사모한 자들의 임종어

● 나의 영혼을 하나님께 맡깁니다.

> – 토마스 제퍼슨(Thomas Jefferson, 1743-1826), 미국 제3대 대통령

● 하나님과 함께 하는 일이 얼마나 기쁜 일인지!

> – 프랜시스 윌러드(Frances Willard, 1839~1898), 미국 금주 운동 선구자

● 좋다.

> – 조지 워싱턴(George Washington, 1732~1799), 미국 초대 대통령

● 이제부터는 천국에서 노래를 듣겠다.

> – 루트비히 판 베토벤(Ludwig van Beethoven, 1770~1827), 독일 작곡가

- 저 세상은 참으로 아름답군.

    – 토마스 에디슨(Thomas Alva Edison, 1847~1931), 미국 발명가

- 나를 받아 주시옵소서. 내가 이제 주님께로 갑니다.

    – 존 번연(John Bunyan, 1628~1688), 영국 목회자·천로역정의 작가

- 주여 나의 영혼을 도와주소서.

    – 에드거 앨런 포(Edgar Poe, 1809~1849), 미국 작가

- 주여 원합니다. 저들을 사하여 주옵소서 그들은 자기들이 하는 일을 알지 못하나이다.

    – 야고보가 주후 62년경 돌에 맞아 순교하면서 남긴 말

● 나는 예배한다……. 내가 예배하는 것은 우리 주 예수 그리스도이시다.

   – 도마가 인도에서 전도 중에 태양신에게 절하라는 것을 거부하고 순교하면서 남긴 말

● 주의 손에 내 영혼을 돌려드리나이다.

   – 마가가 복음서의 기자로 알렉산드리아에서 이방인에게 전도하다가 순교하며 남긴 말

● 우리 주님은 천국에서 이 세상에 오셨기에 십자가에 달리셨다. 그러나
   주님의 은혜로 지상에서 천국으로 부르심을 받은 나는 머리를 땅으로,
   발을 위로하여 십자가에 달리고 싶다. 나를 거꾸로 십자가에 못 박았으
   면 좋겠다. 나는 우리 주 예수님과 같은 모양으로 죽기에 합당하지 않기
   때문이다.

   – 예수님의 제자 베드로

- 주여 이 십자가에서 제가 살아 내려올 수 있도록 허락하지 마옵소서. 주님께서 제 육체를 흙으로 돌아가게 할 때가 왔기 때문입니다. … 제 육체가 생명과 영원한 환희의 원천이신 주님께 자유롭게 가까이 가는 것을 방해하지 않게 해 주옵소서.

  – 안드레가 총독 에게우스 치하에서 십자가에 못박혀 순교하며 올린 기도문

- 우리 주 예수 그리스도여 주님의 식탁에 부르심을 입어 이제 왔나이다. 저 같은 것도 불러 주신 것을 감사합니다. 저는 마음 속 깊이 주님이 불러 주시기를 원하고 있었습니다.

  – 예수님의 제자 요한

- 예수.

  – 사도 바울이 로마 황제 네로의 박해로 순교하면서 남긴 말

● 주 예수여 당신께 감사드립니다.

- 보니파티우스(672~754), 독일 전도자,
732년경 독일의 대감독에 임명되어 적극적인 전도를 하다가 이교도에 의하여 순교

● 오직 천국뿐입니다.

- 필립 멜란히톤(Philipp Schwarzert, 1497~1560),
독일 종교 개혁자, 임종 시 "바라는 것이 무엇인가?"라는 질문의 답변

● 나는 주 예수 그리스도 안에서 잘 것이다. … 내 죄는 예수 그리스도 안
에서 사함을 받았다.

- 우치무라 간조(1861~1930년), 일본 기독교 사상가

- 내 영혼은 살아계신 하나님을 갈급하게 찾고 있다. … 생명이신 분이 이 지상에 내려오셨다. 그분은 우리의 죽음을 참고 견디셨으며, 생명으로 죽음을 멸하시고 생명이 우리에게 임하셨다. 우리는 그리로 올라갈 것이다. 너희들은 그리로 올라가 살기를 원하지 않는가?

         – 아우구스티누스(Augustinus, 354~430), 초대 기독교 교부·철학자·사상가

- 주여 영국 왕의 눈을 열어 주소서.

         – 윌리엄 틴들(William Tyndale, 1492~1536), 영국 종교 개혁자,
  영어 성경의 보급을 막는 영국 왕과 가톨릭에 저항하다가 화형으로 순교

- 팔십 노모를 부탁하오. 내 육체는 평양에 묻어두오. 아버지 앞에 가서도 한국 교회를 위해 기도하겠소. 숭늉 한 그릇 마시고 싶소.

         – 주기철(?~1944), 산정현 교회 목사, 신사참배에 저항하다가 감옥에서 순교

❸ 천국을 인정하지 않은 자들의 임종어

● 어둡다, 어둡다. 나에게 빛을 달라.

　　　　　　　　　　　– 괴테(Johann Wolfgang von Goethe, 1749~1832), 독일 작가

● 나는 신과 인간에게 버림을 받았다. 나는 지옥에 떨어진다. 오! 그리스
도시여. 예수! 그리스도시여.

　　　　　– 볼테르(Voltaire, 1694~1778), 프랑스 문학가·역사가·계몽주의 운동의 선구자

● 내가 일삼아 온 무도한 유혈이여! 무도한 살인이여! 악마의 계획이여!
나는 버림을 받았도다. 확실하게 버림을 받았도다.

　　　　　– 샤를 9세(Charles IX, 1550~1574), 프랑스의 왕, 1572년 수만 명의 기독교인 학살

● 아아 나를 사랑해 주는 이들이여, 아무쪼록 다음 말들을 명심해 주기를 바란다. 산 자는 반드시 죽는다는 것과 해탈하기 위해 쉬지 말고 노력하기를 바란다.

– 석가(BC 563?~BC 483?), 불교 창시자

● 신이여 죽음과 싸울 때는 나와 함께 있어 주시기를. 오오 알라신이여 천국의 휘황한 주민들 속에서 그와 같기를!

– 마호메트(Muhammad, 570~632), 이슬람교 창시자

● 산다는 것은 오랫동안 아파하는 것이다.

– 소크라테스(Socrates, BC 469~BC 399), 고대 그리스 철학자

- 울리포스 해협이여 나를 삼켜라.

  – 아리스토텔레스(Aristotles, BC 384~BC 322), 고대 그리스 철학자

- 나는 죽기 위해 태어났다는 것을 일찍이 잊은 적이 없었다.

  – 키케로(Marcus Tullius Cicero, B.C 106~43), 로마 대웅변가

- 나와 아내의 시체가 잘 불탔는지 확인하는 것을 자네에게 맡기네.

  – 히틀러(Adolf Hitler, 1889~1945)

The Kingdom of GOD

Memo.

천국

초판 1쇄 발행 2021년 11월 5일

지은이   배창돈

발행인   이영훈
편집인   김영석
편집장   김미현
기획·편집   김나예
제작·마케팅   박기범
디자인   유혜연

펴낸곳   교회성장연구소
등 록   제 12-177호
주 소   서울시 영등포구 여의공원로 101 CCMM빌딩 703B호
전 화   02-2036-7922
팩 스   02-2036-7910
홈페이지   **www.pastor21.net**
쇼핑몰   **www.icgbooks.net**

ISBN | 978-89-8304-312-2

"무슨 일을 하든지 마음을 다하여 주께 하듯 하라" (골 3:23)

교회성장연구소는 한국 모든 교회가 건강한 교회성장을 이루어 하나님 나라에 영광을 돌리는 일꾼으로 성장하는 것을 목표로, 목회자의 사역은 물론 성도들의 영적 성장을 도울 수 있는 필독서를 출간하고 있다. 주를 섬기는 사명감을 바탕으로 모든 사역의 시작과 끝을 기도로 임하며 사람 중심이 아닌 하나님 중심으로 경영한다. "무슨 일을 하든지 마음을 다하여 주께하듯 하라"는 말씀을 늘 마음에 새겨 하나님께서 주신 사명을 기쁨으로 감당한다.